Preis der Freiheit –
Grenzen der Sicherheit

SOZIALWISSENSCHAFTLICHE STUDIEN
DES SCHWEIZERISCHEN INSTITUTS FÜR
AUSLANDFORSCHUNG
BAND 32 (NEUE FOLGE)

BEGRÜNDET VON
PROF. DR. DR. h.c. FRIEDRICH A. LUTZ (†)

HERAUSGEBER:
Bis Band 17: PROF. DR. DANIEL FREI (†)
Band 18 bis 22: PROF. DR. WILLY LINDER (†)
ab Band 23: PROF. DR. DIETER RULOFF

www.siaf.ch
siafum@pw.unizh.ch

2003
VERLAG RÜEGGER

Schweizerisches
Institut für
Auslandforschung

Preis der Freiheit – Grenzen der Sicherheit

Herausgeber: Dieter Ruloff

Beiträge von: Irenäus Eibl-Eibesfeldt
Elmar Helten
Moritz Leuenberger
Joseph S. Nye Jr.
Klaus Reinhardt
Rolf M. Zinkernagel

Verlag Rüegger

Bibliografische Information der Deutschen Bibliothek
Die Deutsche Bibliothek verzeichnet diese Publikation in der Deutschen Nationalbibliografie; detaillierte bibliografische Daten sind im Internet über http://dnb.ddb.de abrufbar.

www.rueggerverlag.ch
info@rueggerverlag.ch
ISBN 3-7253-0740-7
ISSN 0514-8197
Foto Umschlag: PRISMA
Druck: Südostschweiz Print AG, Chur

Vorwort

Das *Schreckensjahr 2001* hat wieder einmal gezeigt, dass Sicherheit wichtig, ja überlebenswichtig ist, aber nirgendwo zu einhundert Prozent durchgesetzt werden kann. Nur in Stichworten seien die allerwichtigsten Katastrophen des Jahres 2001 noch einmal in Erinnerung gerufen: Das Erdbeben in Zentralamerika; die Maul- und Klauenseuche in Grossbritannien und Westeuropa; im März versinkt eine Ölplattform vor Rio de Janeiro im Meer; Turbulenzen an der Spitze der Swissair und dann das *Grounding* der Airline; Terrorakte und Selbstmordanschläge vor allem im Nahen Osten; der 11. September in den USA und der Amoklauf eines Verwirrten in Zug; das Inferno im Gotthard-Tunnel im Oktober, verschiedene Flugzeug-Katastrophen (auch in der Schweiz), die Krawalle in Davos, zum 1. Mai, am EU-Gipfel und am G8-Meeting in Genua; die schweren Gewitterstürme über Westeuropa im Juli; Kursstürze an den Finanzmärkten, wo nach den Technologiewerten nun auch die Standardwerte auf Talfahrt gehen. Sicherheit lässt sich immer verbessern, aber zu welchem Preis? Gerade die Massnahmen gegen den Terrorismus zeigen, dass Einschnitte in unserer Freiheit die zwangsläufige Folge sind, wenn wir mehr Sicherheit wollen: Dass inzwischen sogar Schuhe vor dem Einstieg in ein Flugzeug durchleuchtet werden, nimmt man gerne in Kauf; wenn jedoch Fluggesellschaften über jeden Passagier ein Profil erstellen, das der Betroffene noch nicht einmal einsehen, geschweige denn korrigieren kann, dann gibt das zu denken. Und umgekehrt: Welches Risiko sind wir für unsere Freiheit zu tragen bereit? Was wollen wir noch tolerieren und wo hat die Toleranz ein Ende?

Das Institut für Auslandforschung an der der Universität Zürich hatte für das Wintersemester 2002/03 sechs prominente Referenten eingeladen, zu Teilaspekten der Thematik Stellung zu beziehen. Der vorliegende Band enthält die schriftlichen Versionen dieser Vorträge, die von den Referenten z.T. noch einmal überarbeitet und aktualisiert wurden. Der berühmte Verhaltensforscher Irenäus Eibl-Eibesfeldt, ein Schüler von Konrad Lorenz, befasst sich mit der Falle des Kurzzeitdenkens, also der Neigung des Menschen, ferne Risiken auszublenden. General a.D. Klaus Reinhardt, der im Jahre 1999/2000 die NATO-Truppen im Kosovo kommandierte, äussert sich zu den Problemen des *nation-building,* mit denen sich gegenwärtig ja auch die USA im Irak und in Afghanistan konfrontiert sehen. Kein Zyklus über Risiken kommt ohne das Wort eines Versicherungsexperten aus. Elmar Helten von der Ludwig-Maximilians-Universität München referierte über «Risikobewältigung durch die Assekuranz und ihre Grenzen». Rolf M. Zinkernagel, der jüngste Nobelpreisträger der Universität Zürich, befasst sich mit Fragen der Forschungsfreiheit und der Sicherheit von Forschung; er plädiert für Vertrauen in die Forschung, damit diese die notwendige Freiheit für ihre Arbeit behält. Bundesrat Moritz Leuenberger schreibt über die Verantwortung des Staates, die Sicherheit zu organisieren und damit die Freiheit zu achten. Schliesslich analysiert Joseph S. Nye die amerikanische Aussenpolitik und die Bedeutung der Macht in dieser einschliesslich der damit verbundenen Risiken.

Das Institut dankt den Referenten für ihr Engagement und dem wiederum in sehr grosser Zahl erschienen Publikum für sein Interesse an unserem Zyklus. Danken möchten wir der Universität Zürich, die dem Institut bereits seit Jahrzehnten Gastrecht bei seinen Vorträgen gewährt und unsere Referenten empfängt. Den Mitgliedern des Instituts danken wir für ihre andauernde Unterstützung, die unsere Arbeit erst möglich macht. Mit unermüdlicher Perfektion hat Ursula Mayer vom Sekretariat des Instituts die Organisation unseres Zyklus an die Hand genommen. Das Textmaterial wurde von Max Mader redigiert. Auch ihnen sei an dieser Stelle Dank ausgesprochen.

Zürich, im November 2003

Prof. Dr. Dieter Ruloff
Delegierter des Instituts

Inhalt

DIETER RULOFF

EINLEITUNG: RISIKOBEWÄLTIGUNG MIT MASS

Das *annus horribilis* 2001 hat uns allen vor Augen geführt, dass Risiken allgegenwärtig sind und dass Sicherheit ein hohes Gut ist, aber nirgendwo zu einhundert Prozent garantiert werden kann. Die sofort folgenden Versuche der Bewältigung der Risiken haben ebenfalls rasch gezeigt, dass Sicherheit ihren Preis hat und bald einmal zu Lasten der Freiheit geht, wenn die «Latte» der Erwartungen und Ansprüche zu hoch gelegt wird: Preis der Freiheit – Grenzen der Sicherheit war das Thema unseres Zyklus vom Wintersemester 2002, das unter dem Eindruck dieser Probleme von den Gremien unseres Institutes beschlossen worden war.

Allerdings war 2001 ein Jahr besonders schwerer und dramatischer Katastrophen in allen Bereichen, in Politik, in der Wirtschaft, im Bereich der Gesundheit, in der Natur und in der Technologie. Nur in Stichworten seien die allerwichtigsten Ereignisse noch einmal in Erinnerung gerufen: Das Erdbeben in Zentralamerika; die Maul- und Klauenseuche in Grossbritannien und Westeuropa; im März versank eine Ölplattform vor Rio de Janeiro im Meer; Turbulenzen an der Spitze der Swissair, deren «Retter» MARIO CORTI nach nur 6 Monaten im Amt dann das *Grounding* der Airline verordnen musste; Terrorakte und Selbstmordanschläge vor allem im Nahen Osten; der 11. September in den USA und der Zuger Amokschütze; das Inferno im Gotthard-Tunnel im Oktober, verschiedene Flugzeug-Katastrophen (auch in der Schweiz), die obligaten Krawalle in Davos, zum 1. Mai, am EU-Gipfel und am G8-Meeting in Genua; die schweren Gewitterstürme über Westeuropa im Juli; Kursstürze an den Finanzmärkten, wo nach den Technologiewerten nun auch die Standardwerte auf Talfahrt gingen. Als wir den Zyklus konzipierten, konnten wir nicht damit rechnen, dass unser gewähltes Thema derartige Aktualität erlangen sollte. Der Andrang des Publikums zeigte zudem, dass Aufklärung über Risiken und den Umgang mit ihnen einem starken Bedürfnis entsprach.

Definitorisches: Gefahren und Risiken

Zur Klärung sei zunächst kurz definiert, um was es geht. Eine sehr wichtige, verschiedentlich vorgeschlagene Unterscheidung ist jene zwischen Risiko und Gefahr[1]: Der Begriff der *Gefahr* geht von der *Umwelt* (der künstlichen und technischen) aus, die Schäden verursachen kann, wenn man sich ihr aussetzt. Der Begriff des *Risikos* hingegen geht vom *Subjekt* aus, das diese Gefahren einzuschätzen und zu bewältigen bzw. zu verhindern oder zu vermeiden sucht. Wenn man in Begriffen von Risiken denkt, also der Problematik des Umgangs mit Gefahren, so ist technisch gesehen zwischen mögliche *Schäden* und der *Wahrscheinlichkeit* ihres Eintretens zu unterscheiden: Es hat sich nun eingebürgert, *Risiken* (R) als das Produkt möglicher *Schäden* (S) multipliziert mit ihrer *Eintretenswahrscheinlichkeit* (p) zu begreifen ($R = S \cdot p$). Hier gibt es nun verschiedene Formen; interessant sind vor allem zwei Extreme: Erstens Fälle von relativ geringerem Schaden bei relativ hoher Eintretenswahrscheinlichkeit und zweitens Fälle von hohen bis riesigen Schäden bei geringer Eintretenswahrscheinlichkeit *(low probability – high impact).*

1 Niklas Luhmann, Soziologie des Risikos. Berlin: de Gruyter, 1991; ders., Risiko und Gefahr, in: Soziologische Aufklärung 5. Konstruktivistische Perspektiven, 2. Aufl., Opladen, Westdeutscher Verlag, 1993, S. 131–169.

	Eintretenswahrscheinlichkeit *(probability)*	
Erwartbare Schäden *(impact)*	Gering *(low)*	Hoch *(high)*
Gering *(low)*	Alltags-Missgeschick	Schäden im Strassenverkehr
Hoch *(high)*	GAU eines Nuklearkraftwerkes	«Wild Cards» Klimawandel

Das Jahr 2001 bescherte der Welt (und leider auch der Schweiz) einige Ereignisse des Typs *low probability – high impact;* das war seine Besonderheit. Mit dem Gegenteil, Ereignissen des Typs *high probability – low impact* hat die Gesellschaft gelernt umzugehen. Beispiele wären hier die tagtäglichen Schäden im Strassenverkehr, mit denen man rechnen muss und (vom Standpunkt der Gesamtgesellschaft aus) auch rechnen kann (was natürlich nicht heisst, dass für den Einzelnen oder seine Familie ein Verkehrsunfall etwa mit Todesfolge nicht das Schlimmste ist, mit dem man konfrontiert sein kann). Ein Blick sei noch auf die beiden anderen Typen von Risiken gerichtet: Ereignisse mit geringer Schadenserwartung und geringer Wahrscheinlichkeit interessieren natürlich nicht. Selten muss am 1. August das Feuerwerk wegen Waldbrandgefahr ausfallen, und wenn doch, so hält sich der Schaden in Grenzen. Interessanter sind sehr wahrscheinliche Ereignisse mit erwartbar grosser Wirkung. Experten sprechen von *wild cards* und meinen damit Dinge wie den Klimawandel oder die absehbare Veränderung der Demographie in den Industrieländern. Schon jetzt ist absehbar, dass die entsprechenden Gegenmassnahmen (Kyoto-Protokoll bzw. Kindergeld u.ä.) die Sache selbst allenfalls mildern, aber nicht abwenden werden. Man hat den Eindruck, dass sich die Menschheit damit abgefunden hat.

Risiken einschätzen

Was Gefahren zu Risiken macht, ist der Versuch, sie abzuschätzen und dann etwas dagegen zu unternehmen. Die Sache lässt sich am besten anhand des Beispiels «Verkehr» erläutern. Verkehrsschäden sind sehr häufig, und die Schadenshöhe ist statistisch meist normalverteilt (am einen Ende der Verteilung die banalen Fälle minimaler Blechschäden, am anderen Ende die schweren Unfälle mit Personenschäden). Verkehrsschäden sind mitunter für den Einzelnen gravierend und auch für die Volkswirtschaft belastend, aber sie stellen kein systemisches Risiko dar, also eine Gefahr für die Gesellschaft insgesamt. Das Schweizerische Bundesamt für Raumentwicklung (ARE) hat für das Jahr 1998 die Risiken des Verkehrs in der Schweiz durchleuchten lassen.[2] Demnach haben insgesamt 66 581 offiziell erfasste Verkehrsunfälle 597 Todesopfer sowie über 100 000 Verletzte gefordert und dabei insgesamt Schäden von knapp 12,3 Mrd. Franken verursacht; davon sind knapp 1,5 Mrd. Franken externe Kosten, d.h. monetäre Folgen von Schäden, die von den Verursachern nicht getragen werden, sondern von den Geschädigten oder der Gesellschaft insgesamt. Ein Problem stellt die Ermittlung der so genannten *immateriellen Kosten* dar (Leid, Schmerz, Verlust an Lebensfreude), die nur schwer monetär zu bemessen sind. Man kann sie nur über Umfragen (Zahlungsbereitschafts-Ansatz) ungefähr schätzen.

Verkehrsunfälle sind Mikro-Massenereignisse: Jeder Schaden hat natürlich seine besondere und z.T. persönliche Tragik, namentlich dann, wenn Personenschäden involviert sind. Allerdings macht die Häufigkeit der Ereignisse und die Kenntnis der resultierenden Zahlen diese abschätzbar, was die involvierten Risiken betrifft. Auch hier bietet die oben zitierte Studie einige interessante

---

2 Bundesamt für Raumentwicklung, Unfallkosten im Strassen- und Schienenverkehr der Schweiz 1998. Bern 2002.

Einsichten: So waren Personenwagen 1998 zwar an über 80% der Verkehrsunfälle in der Schweiz beteiligt, aber sie erbringen auch die höchste Beförderungsleistung. Entsprechend auf ihre Leistung hin relativiert stehen sie mit einem Opfer auf eine Million Fahrzeugkilometer noch recht gut da; beim öffentlichen Verkehr ist die entsprechende Zahl 3,9, beim Fahrrad 10,7 und beim Mofa 38,2. Wenn man die materiellen Unfallschäden entsprechend auf die Verkehrsleistung in Personen/km umlegt, kommt man zu folgenden Zahlen: 0,089 Fr. für den Personenwagen, 0,028 Fr. für den öffentlichen Verkehr und 33,64 Fr. für das Mofa. Fortbewegung mit dem Mofa ist also klar risikoreicher und teurer, was die Schäden betrifft. Dennoch ist das Mofa weiterhin populär; niemand käme auf die Idee, dieses wegen seiner grösseren Risiken bei der Benutzung zu verbieten. Bereits hier ist also darauf hinzuweisen, dass es nicht um die Beseitigung von Risiken schlechthin gehen kann. Sowohl im Geschäftsleben als auch in der Freizeit ist es sinnvoll, Risiken zu tolerieren oder gar bewusst einzugehen; Bergtouren wären hier zu nennen, wie auf dem Titelblatt dieser Schrift. Das Risiko gehört dazu, bringt erst den Spass an der Sache. Ein anderes Beispiel: Banken, ja alle Unternehmen gehen in ihrer Tätigkeit Risiken ein; man nimmt Risiken auf sich, weil ohne diese nur ein geringer oder gar kein geschäftlicher Erfolg zu erzielen ist, und lässt sich die Risikobereitschaft durch eine entsprechende Prämie honorieren.

Kenntnisstand und Risikobereitschaft

Auf der anderen Seite gibt es Risiken, die niemand toleriert, auch wenn sie noch so gering sein mögen. Man findet diese etwa in der Medizin; der Beitrag von ROLF ZINKERNAGEL in diesem Band bietet dazu einige Beispiele. Der jüngste Nobelpreisträger der Universität Zürich plädierte in seinem hier abgedruckten Vortrag über «Sicherheit von Forschung» *versus* «Freiheit von Forschung» für letzteres, die Freiheit der Forschung, auch wenn diese

Risiken einschliesst. In einem mit mannigfachen Beispielen aus der Lebenswelt und der Forschung gespickten Argument zeigte ZINKERNAGEL zunächst, dass die Öffentlichkeit in mancher Hinsicht schizophren operiert: Sie legt hohen und höchsten Wert auf Sicherheit in einem Bereich, gebärdet sich dabei mitunter geradezu sicherheitsfanatisch; in einem anderen dann jedoch (etwa betreffend Lebenswandel, Rauchen, Sexualität) würden geradezu haarsträubende Risiken wissentlich in Kauf genommen. Nächster Gegenstand der Kritik ZINKERNAGELS war dann die Wissenschaftsgläubigkeit der Zeitgenossen, die sich bei Kosmetika und Lebensmitteln Produkte «andrehen» lassen, deren pseudowissenschaftlich verbrämte Versprechen (etwa ein Mineralwasser mit erhöhtem Sauerstoffanteil) keiner seriösen Kontrolle standhalten. In anderen Bereichen legt man jedoch eine Wissenschaftsskepsis an den Tag, die erstaune. Genau dies sei nun im Bereich der so genannten Gentechnologie der Fall, womit ZINKERNAGEL beim eigentlichen Punkt seines Vortrags angelangt war: Sein Plädoyer für eine freie Forschung in der Biotechnologie.

ZINKERNAGELS leidenschaftliches Eintreten für die Freiheit der Forschung auch dort, wo der Laie nicht voll «durchblicke», konnte wohl kaum besser und origineller vorgetragen werden. Eine im Oktober 2003 vorgelegte Langzeitstudie des britischen Umweltministeriums bestätigt ZINKERNAGEL in seiner Ansicht, auch wenn es auf den ersten Blick nicht so scheint: Tatsächlich führt der Anbau von genetisch veränderten Feldfrüchten (z.B. herbizidresistenter Raps) offenbar zu einer geringeren Artenvielfalt in den entsprechenden Feldern, ist als Lebensraum für Schnecken, Insekten, Vögel und andere kleine und grössere Tiere ungünstiger als konventioneller Anbau. Der Grund lässt allerdings aufhorchen: Nicht weil die genetisch veränderten Feldfrüchte *per se* schädlich wären, sondern weil sie eine bessere Eindämmung des Unkrautes erlauben (und damit natürlich eine grössere Ernte) – was weniger Nahrung für die Tierwelt in diesen Anbaugebieten bedeutet. Aber sollte man Bauern dazu verpflichten, Unkraut in ihren Feldern wachsen zu lassen (das sie ohnehin mit der chemischen Keule massiv bekämpfen)? Ist es nicht sinnvoller, wenn die Landwirtschaft mit weniger Pestiziden arbeitet und intensiver produziert, dafür aber grössere Flächen der Natur überlassen blieben? Ob *«Frankenfoods»* unsere Erde retten könnte, sei dahingestellt.[3] Sicher ist aber, dass bessere Aufklärung über Gentechnologie die europäische Gentechnik-Forschung und vor allem ihre kommerzielle Anwendung retten könnte. Denn für ein Verständnis der Ängste der Gentechnik-Gegner bringt uns die einführend bereits entwickelte Unterscheidung von Risiken und Gefahren weiter: Was der Mensch als Gefahr begreift, das fürchtet und vermeidet er; was er als Risiko zu verstehen glaubt, das wird oft in geradezu erstaunlicher Weise nicht nur toleriert, sondern sogar gesucht, wie man am Beispiel der Trendsportarten sehr leicht zeigen kann.

Risikobereitschaft und Kurzzeitdenken

Ein anderes Paradox des Umgangs mit Risiken begegnet dem Beobachter ebenfalls fast täglich, und zwar die Neigung zur Fixierung auf das Hier und Jetzt, beispielsweise beim sorglosen Umgang von jungen Leuten mit dem Rauchen. Man lebe jetzt, wird einem bedeutet; was später sei, interessiere jetzt nicht. IRENÄUS EIBL-EIBESFELDT war gebeten worden, zur «Falle des Kurzzeitdenkens» zu sprechen, aber es wurde dann weit mehr, eine umfassende Stellungnahme zur Stellung des Menschen in der Evolution, seinen Stärken und vor allem auch seinen Schwächen, wozu eben auch sein mitunter paradoxes Risikoverhalten gehöre. Die Botschaft EIBL-EIBESFELDTS lässt sich auf eine These reduzieren: Der Mensch schleppt bis heute die Biologie des Jägers und Sammlers mit sich herum, was manche Probleme mit sich bringt.

---

3 Vgl. JONATHAN RAUCH, «Why Frankenfoods Will Save the Planet», *Wall Street Journal Europe*, 21. Oktober 2003, S. A12.

Denn was nach der letzten Eiszeit äusserst funktional gewesen ist, namentlich auch das auf kurzfristige Risiken fixierte Verhalten des Menschen, erweist sich im modernen hochtechnischen Umfeld als problematisch. Die von EIBL-EIBESFELDT in diesem Band vorgelegte ausgearbeitete Version seines Vortrages bringt weitere schockierende Beispiele aus Wirtschaft und Politik, in denen die die kurzfristige Perspektive den Blick auf die langfristigen Folgen verstellt, ohne dass die Öffentlichkeit gross protestiert. Und dennoch sei die Menschheitsgeschichte eine Erfolgsgeschichte. Damit erteilt EIBL-EIBESFELDT allem Zivilisationsskeptizismus eine Absage. Allerdings mahnte er zu einem sorgsamen Umgang mit der Natur und zu Bemühungen um die Konsolidierung der sozialen Sicherung des Menschen.

Politische und militärische Risiken

Zu den nur sehr schwer abschätzbaren Risiken gehören jene des politischen und militärischen Bereichs. MAX WEBER hat Politik als das Streben nach Machtanteil oder die Beeinflussung der Machtverteilung definiert, sei es zwischen Staaten, sei es innerhalb eines Staates zwischen den Menschengruppen. Über den Umgang mit Macht und die Risiken, die dabei zu beachten sind, sprach im Verlauf des Zyklus JOSEPH S. NYE, Dean der berühmten *Kennedy School of Government* der *Harvard University* und vormalige Vize-Verteidigungsminister der USA. NYE sprach Ende Januar 2003 und entwickelt seine Vorstellungen von amerikanischer Aussenpolitik und dem Einsatz der schier unvorstellbaren Machtmittel der USA zu einer Zeit, als ein möglicher Krieg im Irak noch Gegenstand des Seilziehens im Sicherheitsrat der USA war. Zunächst rechnete NYE mit jenen Kollegen ab, die einer damaligen intellektuellen Mode folgend in den 1980er-Jahren den Niedergang amerikanischer Macht und den Aufstieg anderer Mächte prognostizierten, ganz im Gegensatz zu NYE selbst. Er habe Recht behalten, Kollegen wie PAUL KENNEDY (von Yale) dann jedoch die Tantiemen für Bücher wie *«Rise and Fall of Great Powers»* eingestrichen, auch wenn sich die Geschichte dann an deren Vorschriften nicht gehalten habe. Der Referent kritisierte die aktuelle Aussenpolitik der Administration BUSH und den Hang zu Ungeduld mit den Verbündeten und zu unilateralen Tendenzen. Gegen den Einsatz von Macht sei nichts einzuwenden, wenn sie überlegt und mit Mass erfolge, allerdings führe dies natürlich auch zu Ressentiments bei den Betroffenen.

NYE warnte vor den Risiken des Einsatzes militärischer Macht; Amerika solle sich soweit wie möglich stattdessen auf seine «weiche» Macht *(soft power)* stützen, also etwa jene Bewunderung der amerikanischen Populärkultur, die man auch in der Bevölkerung der politischen Gegnerstaaten der USA immer noch und weiterhin antreffe. In der Auseinandersetzung zwischen *Jihad* und *Big Mac* liege letzterer auf längere Sicht weit vorne. Wozu also Länder zu Dingen zwingen, die sie tendenziell von selbst tun, wenn auch nicht sofort? Die Weitsichtigkeit der Überlegungen von NYE wird jetzt angesichts der Probleme der USA im Irak voll sichtbar.

Zu den «Risiken und Chancen humanitärer Interventionen» sprach General a.D. KLAUS REINHARDT, Oberbefehlshaber der KFOR (Kosovo Forces) in den Jahren 1999/2000 und gab dem Publikum einen Eindruck von den Schwierigkeiten dessen, was als *nation-building* bezeichnet und von den USA im Irak und in Afghanistan gegenwärtig betrieben wird. Dabei gehe es nicht darum, gemäss den Prinzipien der Kriegführung zu operieren. Wohl brauche man eine schlagkräftige Truppe, um als Garant der Sicherheit ernst genommen zu werden. Darüber hinaus stünden jedoch der Wiederaufbau von Infrastruktur und die Hilfestellung beim Wiederaufbau des Staates im Mittelpunkt. Ruhe und Ordnung sind wichtig, die Instandstellung der Wasserversorgung, die Organisation der Müllabfuhr, die Entminung von Gelände und die dauernde Vermittlung zwischen den Volksgruppen waren der

Kern der Tätigkeit REINHARDTS, eine Aufgabe also, die von den USA bei der Planung ihrer Irak-Invasion wohl vollständig unterschätzt worden war. REINHARDT wurde darüber hinaus nach seiner Einschätzung eines möglichen Krieges im Irak befragt und äusserte sich hier geradezu prophetisch, wie man heute im Rückblick feststellen muss: Den Krieg zu gewinnen werde nicht sonderlich schwer fallen, danach den Frieden zu gestalten sei die grössere Herausforderung.

Versicherung gegen Risiken

Gegen jede Art von Risiken lässt sich etwas tun: Erstens hat man eine *Wahl,* d.h. man ist nicht immer gezwungen, ein Risiko einzugehen. Zweitens kann *Prävention* betrieben werden: Verkehrsmittel und Verkehrswege können sicherer gemacht werden; und drittens kann man sich gegen allfällige Schäden *versichern*. Der Münchner Risiko- und Versicherungsforscher ELMAR HELTEN wies in seinem Vortrag aber mit Recht auf einen gravierenden Unterschied zu anderen Formen des Umgangs mit Risiken hin: Zunächst sei das Wort «Versicherung» ein Euphemismus, weil diese mögliche Schäden eben nicht verhindern könne, sondern bei ihrer Beseitigung nur helfe, mehr nicht. Erst nach Eintritt des Schadens werde die Versicherung tätig, könne selbst natürlich aber weder die Höhe noch die Häufigkeit von Schäden beeinflussen. Genau aus diesem Grunde gebe es zwingende Obergrenzen für die Deckung möglicher Schäden. Versicherungen operieren nach dem Prinzip, die Last des Risikos auf möglichst viele Schultern zu verteilen: Alle für einen, einer für alle, je mehr, je besser. Man kann den Bereich jener, die sich an der Abdeckung von Risiken beteiligen, wohl durch neue Instrumente der Finanzwirtschaft ausdehnen, konkret durch den Transfer von Risiken an die Finanzmärkte. Aber wegen der wachsenden globalen Vernetzung der Weltwirtschaft stosse auch diese Strategie bald einmal an Grenzen, weil sich eben auch die Risiken globalisieren. In einem an Systematik wohl kaum zu übertreffenden Vortrag widmete sich HELTEN dann jenen schwierigen Fragen, mit denen die Versicherungswirtschaft wegen des Einbruchs der Finanzmärkte zu kämpfen hat. Interessant ist auch die These HELTENS, dass die Auflagen gemäss «Basel II» in der hochgradig vernetzten Wirtschaftswelt womöglich einen *circulus vitiosus* auslöse, wenn immer mehr Institutionen sich gegenseitig um immer mehr Eigenkapital angehen.

Zur Liste der Möglichkeit des Umgangs mit Risiken gehört nach jener der Versicherung noch eine weitere, nämlich die der Abschiebung von Verantwortung. Auf Kinderspielplätzen der Stadt New York werden den Bäumen alle Zweige bis auf Mannshöhe entfernt: Die Benutzer könnten auf die Idee kommen, auf Bäume zu klettern und womöglich hinunterfallen; die Stadt könnte womöglich verklagt werden. Es gibt amerikanischen Gliedstaaten, wo es die Hebammen nicht mehr wagen, ihrem Beruf nachzugehen; man schickt die Mütter zur Geburt in den Nachbarstaat, wo die Gesetze weniger streng sind. In anderen US-Gliedstaaten haben die Prämien für Versicherungen gegen Kunstfehler die Arzthonorare derart verteuert, dass sich so mancher Bürger den Gang zum Arzt nicht mehr leisten kann. Wenn Menschen durch Nachlässigkeit oder gar Vorsatz Schäden verursachen, so soll man sie zur Verantwortung ziehen können. Aber es muss auch umgekehrt gelten: Vernünftiges Verhalten sollte nicht nur deshalb bestraft werden, weil es nicht jeden Schaden verhindert. Denn wer vernünftiges Verhalten bestraft, der produziert als Folge Unvernunft.

Möglichkeiten und Grenzen staatlicher Risikobewältigung

Wenn es um den Schutz vor Risiken oder die Bewältigung von Schäden geht und andere Mittel unangenehm, zu teuer oder gar erschöpft sind, blickt der Bürger zwangsläufig in Richtung Staat.

Bundesrat MORITZ LEUENBERGER, Vorsteher des Eidgenössischen Departements für Umwelt, Verkehr, Energie und Kommunikation (UVEK), referierte über die Möglichkeiten und Grenzen der Politik, Sicherheit zu organisieren und dabei bürgerliche Freiheiten zu bewahren, ein Spagat, der Erfahrung und Augenmass erfordert. Er tat dies in einer ebenso anschaulichen wie geistreichen und witzigen Weise: Der Sohn der Nachbarsfamilie erhält zu Weihnachten einen Fussball, muss bei der Einweihung des neuen Spielzeuges in der guten Stube der Familie dann jedoch strikte Regeln einhalten, um weder die Puppenstube der Schwester noch die Venini-Vase der Mutter zu gefährden. Was ist ihm an Einschnitten in seine Freiheit zuzumuten? Wie ist die Sicherheit in der Wohnung der Familie zu bewahren? Am einfachen Beispiel entwickelte LEUENBERGER dann die ganze Fülle von Sicherheitsmassnahmen, von der privaten Selbstverantwortung über die stichprobenartige Kontrolle bis hin zum staatlichen Verbot, der *ultima ratio.* Danach kam LEUENBERGER auf die Katastrophen des Schreckensjahres 2001 zu sprechen, mit denen es die Eidgenossenschaft zu tun hatte, namentlich den Unfall im Gotthard-Tunnel und die nachfolgenden Massnahmen des Bundesrates, womit am Schluss in Erinnerung gerufen wurde, dass die leicht und eingängig vorgetragene Thematik einen bitterernsten Kern besitzt.

Augenmass bei der Risikobewältigung

Eine Welt ohne Risiken gibt es nicht, hat es nie gegeben. Aber auch angesichts der Ereignisse des Jahres 2001 gilt weiterhin, dass die Menschheit gewaltige Fortschritte bei der Absicherung menschlichen Lebens gemacht; wer wollte das bestreiten. Das Leben des Menschen im Urzustand sei arm, gemein, roh und kurz *(poor, nasty, brutish, and short),* schrieb THOMAS HOBBES im «Leviathan»; darum haben die Menschen den Staat erfunden, der für Ruhe, Ordnung und Sicherheit sorgt und die Schwachen schützt. Der moderne Sozialstaat hat dann die Fürsorge der Obrigkeit in einer Weise ausgedehnt, die man noch zu Beginn des 20. Jahrhunderts für schier unmöglich gehalten hätte, dabei allerdings auch die Belastung des Bürgers und der Wirtschaft durch Steuern in eine Höhe getrieben, die beide zu strangulieren droht. Die (gross)technologische Absicherung des Menschen und seiner Bequemlichkeiten will heute niemand missen; sie hat auch neue, schwer abschätzbare Risiken erst produziert. Der Münchner Soziologie ULRICH BECK spricht mit Berechtigung vom modernen Industriestaat als einer «Risikogesellschaft». Die Frage aber, ob wir Alpentunnels wollen oder nicht, ist müssig; wir brauchen sie (und die Alpenüberquerung auf engen Pass-Strassen per Postkutsche war ungleich risikoreicher und ungleich weniger effizient als die Durchquerung der Alpen im Tunnel). Dennoch sollte nicht alles, was machbar ist, dann auch umgesetzt werden. Längerfristige Rentabilitäts- und Risikoüberlegungen müssen eine vermutlich noch grössere Rolle spielen, als sie es ohnehin tun. Gleichzeitig muss jedoch Spielraum für jene bleiben, die Risiken eingehen wollen. Und eine Politik, die ihren Bürgern alle Risiken ersparen möchte, erstickt nicht nur die Freiheit, sondern produziert absurde und meist auch noch kostspielige Folgen.

Rückblickend dürfen wir davon ausgehen, dass die Ereignisse des Jahres 2001 nicht Regel, sondern Ausnahme waren: *low probability, high impact.* Niemand kann aber garantieren, dass es in Zukunft zu Ähnlichem nicht mehr kommen wird, selbst wenn Vorkehrungen mit Augenmass und Vernunft getroffen wurden. Das Gesetz des Raketen-Ingenieurs EDWARD A. MURPHY *(Murphy's law)* lautet bekanntlich: Wenn etwas schief gehen kann, dann wird es auch schief gehen, aber nicht unbedingt heute order morgen, sondern irgendwann einmal …

Irenäus Eibl-Eibesfeldt

Die Falle des Kurzzeitdenkens

unserer Programmierung auf den Wettlauf im Jetzt

Im gerade zu Ende gegangenen Jahrhundert gelang uns die Elektrifizierung der Städte, die Automobilisierung des Strassenverkehrs, wir eroberten uns die Lüfte, ja wagten uns schliesslich ins All und landeten auf dem Mond. Dem mechanischen Zeitalter folgte das elektronische, und Kinder spielen heute mit Geräten, die sich kühnste Phantasien der Utopisten vergangener Jahrhunderte nicht erträumen konnten.

Nimmt man unseren Fortpflanzungserfolg als biologisches Mass für Überlebenstüchtigkeit, können wir uns ebenfalls als höchst erfolgreiche Wirbeltierspezies ausweisen. Hubert Markl sprach in diesem Sinn von uns als einem Volltreffer der Evolution!

Allerdings sind wir da vielleicht etwas zu erfolgreich gewesen, denn die Ökosysteme unserer Erde können unseren Erfolg kaum mehr ertragen. Wir sind zu viele und haben sowohl die optimale kulturelle als auch die ökologische Tragfähigkeit der Erde global überschritten. Wir hängen am Tropf fossiler Energieträger. Kaum auszudenken, wenn diese der westlichen Welt durch irgendeine Katastrophe über längere Zeit nicht mehr zur Verfügung ständen. Bereits jetzt zeichnet sich im Rahmen einer Globalisierung der Massenverarmung ein zunehmend rücksichtsloser Wettbewerb um begrenzte Ressourcen ab. Selbst das Wasser wird vielerorts rar. Kriegerische Konflikte zwischen den Völkern und Staaten schwelen und flammen da und dort immer wieder auf, ja selbst der innere Friede scheint vielerorts gefährdet. Offenbar bekommen wir technische Probleme leichter in den Griff als soziale.

Das hat seine Gründe, denn in unserem sozialen Verhalten sind wir durch stammesgeschichtliche Vorgaben festgelegter, als in anderen Bereichen. Uns angeborene Verhaltensdispositionen lenken unser Verhalten zum Mitmenschen in bestimmte Bahnen und sichern es so gegen allzu grosse Variationen ab. Sie entwickelten sich in jener langen Zeit, in der unsere Vorfahren auf altsteinzeitlicher Kulturstufe als Wildbeuter die Erde besiedelten. Mit der Feldbestellung und Tierzucht setzte die stürmische Bevölkerungsentwicklung ein, die zur Städtebildung und Staatenbildung mit arbeitsteiligen Grossgesellschaften und schliesslich zur industriellen Revolution führte. Das nahm seinen Anfang vor 15 000 Jahren, eine Zeit, die nicht ausreichte, um uns über Mutation und Selektion an die von uns bewirkten Umweltänderungen anzupassen. Die Anpassung muss kulturell erfolgen, und wir sind sicher gut beraten, wenn wir dabei nicht wie die Tiere in erratischem Kurs die verschiedenen Möglichkeiten ausloten, um die Auswahl der Selektion zu überlassen. Vielmehr scheint es vernünftig, uns auch von unserem Verstand nach bestem Wissen und Gewissen leiten zu lassen. Sicher spricht bei allem, was wir tun und lassen, letztlich die Selektion das letzte Wort. Aber wir sind das erste Wesen, das sich Dank seiner Wortsprache die Vergangenheit ebenso wie die Zukunft «vergegenwärtigen» kann und damit aus der engen Gebundenheit an das Jetzt soweit befreit ist, dass es ein generationenübergreifendes Überlebensethos entwickelt und an künftige Generationen, an das Lebensglück unserer Enkel denkt. Diese Fähigkeit verpflichtet uns geradezu, sie verantwortlich zu nutzen. Die Verwirklichung einer solchen Zielsetzung setzt allerdings die Bereitschaft zur rechtzeitigen Fehlerkorrektur voraus, des Weiteren die Offenheit, die Wirklichkeit unseres Daseins wahrzunehmen, wie sie ist – unsere konstitutionellen Schwächen ebenso wie unsere Stärken.

Dominanzstreben und Kurzzeitdenken

Die stammesgeschichtlich vermutlich älteste Problemlage, die sich heute im Rahmen der Globalisierung besonders fatal auswirkt, ist unsere Programmierung auf den Wettlauf im Jetzt in Verbindung mit unserem Streben nach Macht. Seit die ersten Organismen vor vielleicht zwei Milliarden Jahren um begrenzte Ressourcen konkurrierten, zählte, wer in diesem Wettlauf im Jetzt schneller war. Die Pflanzen, die andere schneller überwucherten und ihnen so das Licht raubten, die Organismen, die anderen schneller die Nahrung nahmen, kurz, die im Jetzt erfolgreicher waren, machten das Rennen und brachten Nachkommen hervor. Dieser Wettlauf im Jetzt formte auch uns. Er züchtete einen Opportunismus, der dazu drängt, sich bietende Chancen ohne Rücksicht auf Spätfolgen maximal zu nutzen. Wir befolgen daher ausbeuterische, Gewinn maximierende Kurzzeitstrategien, die uns heute zur Falle werden können.

Für unsere altsteinzeitlichen Vorfahren bewährte sich diese opportunistische Grundhaltung. Sie bevölkerten diesen Planeten in dünner Besiedlung und konnten mit ihrer einfachen Technologie auf die Lebensgemeinschaften, die ihre Existenzgrundlage bildeten, keinen auf Dauer zerstörerischen Einfluss ausüben. Daher hat uns die natürliche Auslese für den Umgang mit der Natur keine Bremsen angezüchtet. Man liest oft, der Mensch der Vorzeit hätte in Harmonie mit der Natur gelebt und sich umweltfreundlich verhalten. Eine romantische Vorstellung! Bereits als steinzeitlicher Wildbeuter rotteten unsere Vorfahren Tierarten aus und sie legten Feuer, damit sich auf den sich neu begrünenden Flächen das Jagdwild konzentrierte. Im Grossen und Ganzen hielten sich jedoch ihre Einwirkungen in ökologisch verkraftbaren Grenzen.

Die exploitative Grundhaltung konnte man bis vor kurzem noch an den verbliebenen Jäger- und Sammlervölkern beobachten.

Solange sie ihre eigene traditionelle Gerätekultur verwendeten, hielt sich der Schaden in Grenzen. Aber als die Prärieindianer Nordamerikas gelernt hatten, die Bisons auf Pferden mit Feuerwaffen zu erjagen, unterschieden sie sich in ihrem Jagdrausch wenig von ihren weissen Vorbildern. Als die Eskimos Feuergewehre bekamen, gefährdeten sie mit ihrem Jagdeifer ihre eigene Subsistenzbasis, so dass die dänische Regierung Schutzgesetze für Walrosse erlassen musste, die wegen ihrer Zähne besonders begehrt waren.

Für dieses Konkurrenzverhalten hat uns die Natur mit einem Dominanzstreben begabt. Es wurde ursprünglich sicher für die innerartliche Auseinandersetzung entwickelt, für den Wettstreit um begrenzte Güter wie Territorien oder Geschlechtspartner. Beim Menschen erwies es sich auch bei der Auseinandersetzung mit der Natur dienlich. Wir kämpfen mit den Naturgewalten, wir machen uns die Natur untertan, verbeissen uns in Aufgaben und attackieren Probleme. Und das ist ja nicht grundsätzlich schlecht. Aber die Terminologie weist auch auf den aggressiven Ursprung dieser Motivation hin und damit auf ein Problem. Ursprünglich steht die innerartliche Aggression im Dienste des Wettstreites um begrenzte Ressourcen und Geschlechtspartner. Es ist eine Besonderheit, dass wir sie instrumentell einsetzen können, um alle Arten von Widerständen zu bekämpfen. Im Dienste dieses Verhaltens steht unter anderem in den dopaminergenen Systemen unseres Hirns ein Antriebssystem für Motorik und aggressive Appetenz. Darüber hinaus wird das Streben nach Dominanz bei Erfolg durch einen Hormonreflex in positiver Rückkoppelung bekräftigt. Gewinnen Tennisspieler ein Match, dann steigt ihr Bluttestosteronspiegel innerhalb von 24 Stunden signifikant an, verlieren sie, dann sinkt er deutlich ab. Das gleiche Phänomen beobachtet man auch bei Erfolg in anderen Bereichen. Bestehen Medizinstudenten eine Prüfung mit Erfolg, dann steigt ihr Bluttestosteronspiegel ebenfalls an, und er sinkt ab, wenn einer durchfällt. Dieser Hormonreflex belohnt also jeden Erfolg, über ihn wird das Selbstwertgefühl und weiteres Dominanzstreben bekräftigt. Diese positive Rückkoppelung führt dann allerdings auch dazu, dass unser Streben nach Macht und Ansehen von Erfolg zu Erfolg angeheizt wird, daher neigt es zur Eskalation.

Zu diesem Ansporn kommt noch unsere Werkzeugintelligenz, unsere Sprach- und damit Kulturbegabung und vieles andere mehr. So angetrieben und ausgestattet machten wir uns die Erde untertan, wie keine Art je zuvor. Dass uns die Natur für unser Dominanzstreben keine Bremsen mitgab, beginnt sich nunmehr allerdings in selbstgefährdender Weise auszuwirken. Nun sind wir zum Glück in der Lage, die Folgen unseres Handelns über längere Zeit im Voraus abschätzen zu können und wissen daher, dass der gegenwärtig mit archaischen Kurzzeitstrategien ausgetragene Konkurrenzkampf unsere Ressourcen und damit die Lebensgrundlagen künftiger Generationen gefährdet.

Wettbewerb ohne Regeln?

Das eben zu Ende gegangene Jahrhundert war von dem Bemühen um rationale Problemlösungen gekennzeichnet. Sie krankten allerdings daran, dass sie die menschliche Natur nicht in Rechnung stellten und ihre Wirtschafts- und Sozialtheorien zu Glaubensbekenntnissen dogmatisierten, was Fehlerkorrekturen behinderte. Das gilt unter anderem für den Kommunismus, der im Wettstreit mit dem Wirtschaftsliberalismus schliesslich unterlag und für den klassischen Behaviorismus, der die US amerikanische Völkerkunde, Psychologie und Soziologie dominierte.

Gegenwärtig gefährdet die Dogmatisierung der neoliberalen Vorstellung von einem völlig freien Wettbewerb den inneren und äusseren Frieden. In einer kontrastbetonenden Absetzung von den überholten Theorien der zentralen Verwaltungswirtschaften wird die bewährte ökosoziale Marktwirtschaft zugunsten eines

Kapitalismus aufgegeben, für den der Altbundeskanzler HELMUT SCHMIDT die treffende Bezeichnung «Raubtierkapitalismus» prägte.

Die soziale Marktwirtschaft der Länder der Europäischen Union vor ihrer Erweiterung, die später um ökologische Aspekte erweitert wurde, war zukunftsorientiert. Sie trat für freien Wettbewerb in vielen Bereichen ein. Es gibt ja genügend Fronten, an denen sich ein Anbieter im Wettbewerb bewähren kann, sei es nun die Innovation, die laufende Verbesserung der Produkte in Hinblick auf ihre Funktion und Haltbarkeit, kundenorientierte Serviceleistungen, Schnelligkeit der Auftragserfüllung, Erfüllung ästhetischer Bedürfnisse, Optimierung der Betriebskosten, Sicherheit, Umweltverträglichkeit usw. Einzig und allein soziales und ökologisches Dumping sollte vermieden werden!

Den Ländern, die sich das zur Leitlinie ihres Wirtschaftens erkoren und damit auf die Angleichung nach oben setzten, gelang dies so gut, dass sie trotz der fast völligen Verwüstung ihrer Länder nach dem Zweiten Weltkrieg ein Wirtschaftswunder erlebten und schliesslich im Leistungstausch der Vollbeschäftigung einen Markt schufen, der es selbst einfachen Arbeitern ermöglichte, sich einen Volkswagen zu kaufen und über Ersparnisse einen gewissen Wohlstand zu erreichen.

Im Rahmen der Globalisierung erfolgt nunmehr eine Abkehr von der sozialen Marktwirtschaft. Ein Kapitalismus mit zunehmend dogmatischen Zügen fordert, dass alle Staaten der Welt und insbesondere das Vereinte Europa die Grenzen für den freien Verkehr von Waren, Geld und Arbeitskräften öffnen und die traditionellen Staaten Europas ihre Souveränität weitgehend aufgeben sollten. Die Entstaatlichung des Staates schreitet ohne Rücksichtnahme auf Grundgesetze hurtig voran. Der freie Markt soll alles regeln, und man gibt vor, das würde den allgemeinen Wohlstand fördern. Die einseitige Aufkündigung des Leistungstausches durch «Freisetzung» von Arbeitskräften («schlankes Wirtschaften») zerstört den eigenen Markt, der nach wie vor der wichtigste und potenteste ist. Durch Aussenverlagerung der Produktion schwächt man die Kaufkraft der Konsumenten im eigenen Lande. Die entstehenden Soziallasten belasten den Staat und zwingen diesen zu Einsparungen im sozialen Bereich, was als Folge generell die Konsum- und Investitionsfreudigkeit mindert, kurzum lawinenhaft anschwellende Probleme schafft, die den inneren Frieden gefährden.

Wir gehören zwar einer höchst risikobereiten Spezies an mit einem uns angeborenen Appetit auf Herausforderungen. Aber es handelt sich stets um solche, mit denen unsere altsteinzeitlichen Vorfahren zu kämpfen hatten, die vom Jagen und Sammeln lebten und sich dabei Risiken aussetzten. Sie entwickelten einen «Appetit» dafür, der uns noch angeboren ist und den wir in Ermangelung von Herausforderungen dieser Art nunmehr in Ersatzhandlungen wie Hanggleiten, Fallschirmspringen, Tauchen, Klettern und anderen Sportarten, sowie Abenteuerreisen ausleben. Wir sind bereit, ja geniessen es auch, Strapazen und Entbehrungen auf uns zu nehmen. Nur für die Risiken einer arbeitsteiligen Gesellschaft mussten unsere Vorfahren keine Anpassungen entwickeln, denn die gab es damals nur in Form der geschlechtlichen Arbeitsteilung innerhalb der Familie. Im übrigen war jede Familie autark.

Nun brachte uns die arbeitsteilige Millionengesellschaft erstaunlich viele Vorteile einer Hochkultur und technischen Zivilisation, auf die nur wenige gern verzichten würden. Aber sie konfrontiert uns mit dem Problem der existentiellen Abhängigkeit von anderen. Das Wissen darum, dass wir unsere Arbeit verlieren könnten, schafft unterschwellige Ängste, die Demagogen zu allen Zeiten zu schüren wussten, um eine Gefolgschaft an sich zu binden. Bei Angst regrediert das Verhalten des Menschen auf kindliche Reaktionsmuster der Schutzsuche. Man folgt den Schutz versprechenden Leitfiguren so, wie man früher als Kind Zuflucht bei den Eltern suchte. Blinde Gefolgsbereitschaft kann aber den Fortbestand der Demokratie gefährden. Schon deshalb empfiehlt es sich, mit der sogenannten «Freisetzung» (sprich Entlassung) von Arbeitskräften vorsichtiger umzugehen, als das gegenwärtig der Fall ist.

Da sich die neoliberale Marktwirtschaft gerne auf die Natur beruft, die man sich zum Vorbild nehme, etwa mit der Bemerkung «die Durchsetzung des Stärkeren im freien Wettbewerb und das Absinken der Schwachen auf die Armutsgrenzen sei in Übereinstimmung mit der Natur», sei von biologischer Seite darauf hingewiesen, dass wir Biologen zwar die grosse Bedeutung des Wettbewerbes als treibende Kraft der biologischen und kulturellen Evolution nie in Frage stellten, aber damit keineswegs für einen rücksichtslosen Wettbewerb ohne Regeln plädieren. Es gibt ihn zwar. Wenn im Frühjahr Tausende von Fichten keimen und einander im Lichthunger zu überwachsen suchen, dann wird uns dies in dramatischer Weise vorgeführt. Bei Wirbeltieren, die uns hier aus verständlichen Gründen besonders interessieren, sind die Auseinandersetzungen um begrenzte Ressourcen zwischen Artmitgliedern im allgemeinen aber so geregelt, dass das Risiko, Schaden zu erleiden, für beide Kontrahenten herabgesetzt ist.

Die Meerechsen der Galápagos-Inseln, die scharfe Zähne besitzen, bedrohen zwar ihre Rivalen mit aufgerissenem Maul. Kommt es aber zum Kampf, dann senken sie ihre Köpfe und versuchen einander, Schädeldach gegen Schädeldach drückend, vom Platz zu schieben. Merkt einer, dass er dem anderen nicht gewachsen ist, dann kann er aufgeben, indem er sich in Demutsstellung unterwirft. Der Sieger stellt das Kämpfen ein und wartet in Drohstellung, dass der Besiegte das Feld räumt. Das sieht ritterlich aus, wird aber bestimmt nicht von Mitgefühlen begleitet, denn prosoziale Regungen kamen erst mit der Entwicklung höherer Formen der Brutpflege in die Welt.

Individual- und Gruppenselektion; der familiale Ursprung der kollektiven Aggression

Dem Sieger im Wettstreit um begrenzte Ressourcen erwächst in der Regel ein Vorteil, der seine Eignung, gemessen an der Fähigkeit, in eigenen Nachkommen zu überleben, fördert. Die Selektion setzt dabei zunächst am Individuum an, das bei Erfolg seine Gene weiterreichen kann. Es gibt aber noch andere Einheiten der Selektion. Sie hatten bei den Landwirbeltieren, die uns in diesem Zusammenhang besonders interessieren, die Entwicklung der individualisierten Brutpflege zur Voraussetzung. Mit ihr kamen bei den Vögeln und Säugern die Verhaltensweisen der Fürsorge (Füttern, Hudern, soziale Körperpflegehandlungen), die Motivation, Junge zu betreuen, die Mutter-Kind-Signale (Stimmfühlungslaute, Bettellaute der Jungen und Notrufe) sowie die Motivation der Jungen, bei der Mutter oder den Eltern Schutz zu suchen in die Welt. Schliesslich sind die Mütter oder die Eltern oft bis zur Selbstaufopferung bereit, ihre Jungen zu verteidigen.[1] Säugerweibchen erkennen ihre Jungen ausserdem individuell an ihren Lautäusserungen, ihrem Geruch und seltener auch an ihrem Aussehen. Wo eine derartige individualisierte Bindung vorliegt, betreuen die Mütter nur ihren eigenen Nachwuchs. Fremde Junge vertreiben sie. Junge meiden daher den Kontakt mit Fremden mit allen Anzeichen der Angst. Diese «xenophobe» Abgrenzung ist auch bei uns Menschen als kindliche Fremdenscheu sehr deutlich ausgeprägt. Es handelt sich um die erste Manifestation des «Wir und die anderen».

Die im Dienste der Brutpflege entwickelten Anpassungen wurden im Verlauf der weiteren Evolution in den Dienst der Herstellung und Erhaltung von Bindungen zwischen Erwachsenen gestellt, sowohl beim Werben, als auch in Form von Grussritualen

1 Bei Vögeln beteiligen sich meist beide Geschlechter an der Brutpflege, bei den Säugern meist nur die Mutter.

zur Beschwichtigung von Aggressionen sowie zur Festigung bestehender sozialer Bindungen. Sie waren die Voraussetzung für unsere Fähigkeit, in Gruppen zu leben.

Diese waren zunächst klein und ihre Mitglieder waren auf der Basis persönlicher Bekanntschaft quasi-familial verbunden. Über die längste Zeit der Geschichte und in manchen Gebieten noch bis zum heutigen Tag lebte der Mensch so auf der Stufe des altsteinzeitlichen Wildbeuters. Die noch so Lebenden können uns als Modell für die altsteinzeitliche Lebensweise dienen. Ihre Subsistenzstrategien als Jäger und Sammler wechseln zwar in Abhängigkeit von der Art ihrer ihnen zur Verfügung stehenden Feldkost, aber im sozialen Verhalten teilen sie doch einige Gemeinsamkeiten. Die Kleingruppen setzen sich aus Drei-Generationen-Kernfamilien zusammen, die meist über Verwandtschaftsbeziehungen miteinander verbunden bleiben. In ihnen gelten Regeln unblutigen Wettbewerbs. Repressives Dominanzstreben wird innerhalb der Gruppe unterbunden. Personen erwerben Ansehen über ihre Fähigkeit, den inneren Frieden und die Gruppenharmonie zu erhalten. Prosoziale Eigenschaften zählen, ferner die Kompetenz als Sprecher für die Gruppe aufzutreten, um Allianzen zu stiften, Heiratsbeziehungen herzustellen und Konflikte friedlich zu lösen oder wenn nötig auch als Kriegsführer. Geschätzt ist ferner, wer als Heiler oder Jäger erfolgreich ist.

Anders als die Innergruppenrivalitäten werden Zwischengruppenkonflikte unter dem Einsatz von Waffen Gruppe gegen Gruppe ausgetragen. Dabei erwies es sich im Laufe der Geschichte als vorteilhaft, neben waffentechnischer Überlegenheit auch die grössere Anzahl wehrhafter Männer einsetzen zu können. Mit dem Beginn der Feldbestellung und der Tierhaltung wurde es möglich, ein Gebiet dichter zu besiedeln und wohl Hand in Hand mit dieser Entwicklung bildeten sich auch die kulturellen Sozialtechniken mit deren Hilfe es möglich war, grössere Populationen in sich abgrenzenden Solidargemeinschaften als Tälergemeinschaften, Stämme und schliesslich als Millionen zählende, oft ethnisch homogene Nationalstaaten zusammenzufassen. Sie alle berufen sich auf ein familiales Gruppenethos und nützen die gleichen familialen Anlagen, die Kleingruppen zusammenhalten.[2]

Sie zapfen dabei von hohen Emotionen begleitete stammesgeschichtliche Verhaltensdispositionen an, wie jene des familialen Zusammengehörigkeitsgefühls. Wie bei vielen Säugern gilt hier für das heranwachsende Kind das Programm: «Wer mit Dir aufwächst, gehört dazu, andere meide.» Mit zunehmendem Alter spielten biologisch-anthropologische Ähnlichkeit und kulturelle Gemeinsamkeiten wie Sprache und Dialektnuancen, Brauchtum, Tracht und kulturelle Symbole der Gemeinschaft (religiöse Zeichen, Staatswappen, Fahnen) und schliesslich das Liedgut. Die Folgereaktionen auf die mit hohen Emotionen verehrten Zeichen einer Gemeinschaft scheint prägungsartig fixiert. Bei ihrer Wahrnehmung – es kann sich um religiöse Symbole, Fahnen, Hymnen oder «heimatliche» Klänge handeln, erleben Menschen den Schauer der Ergriffenheit.

Das Gefühl wird durch die Kontraktion der Haaraufrichter verursacht. Wir sträuben gewissermassen einen Pelz, den wir nicht mehr haben, ein Relikt einer Reaktion der kollektiven Verteidigungsbereitschaft. Sie leitet sich von der familialen Verteidigung ab und ist damit emotional völlig anders unterfüttert als das Rivalisieren auf individueller Basis, wie der selbstaufopfernde Terrorismus gegenwärtig lehrt, der durch Gegenterror und Unterdrückung allein nicht zu beseitigen ist. Die Reaktion wird aus der Angst um die Zukunft der eigenen Gemeinschaft gespeist. Sie gilt es zu beseitigen.

---

2 Ausführliche Diskusson in I. Eibl-Eibesfeldt: Liebe und Hass, erste Hardcover-Ausgabe 1970, 12. Auflage Paperback-Ausgabe Piper-Verlag, München 1998. Ferner I. Eibl-Eibesfeldt: Us and the Others. The Familial Roots of Ethnonationalism. In: I. Eibl-Eibesfeldt und F.K. Salter: Ethnic Conflict and Indoctrination. Altruism and Identity in Evolutionary Perspective. Berghahn-Verlag, New York, Oxford 1998.

Vom Altertum bis in die jüngste Gegenwart zielte die Konkurrenz auf Gruppenebene auf die Vernichtung, Vertreibung oder Unterjochung der gegnerischen Gruppe ab. Die Selektion findet demnach beim Menschen auch auf Gruppenebene statt.[3] Auch in den Wirtschaftskriegen der Konzerne und der im Rahmen der Globalisierung wettstreitenden Wirtschaftsblöcke ist dies der Fall. Wir kommen darauf noch zu sprechen. Hier wollen wir nur noch ergänzen, dass der moderne Mensch in Gemeinschaften verschiedenen Integrationsniveaus eingebettet sein kann, denen er mit abgestufter Loyalität verbunden ist. Am nächsten steht ihm wohl seine Familie, seine Heimatgemeinde, als nächstes rangieren Kulturnation und Staat. Bei uns Europäern gibt es schliesslich auch eine erlebte europäische Identität. Darüber hinaus bestehen Vernetzungen religiöser, beruflicher und korporativer Art, die Menschen auch über diese genannten Kollektive hinaus verbinden.

Zusammenfassend können wir festhalten, dass das menschliche Sozialverhalten auf zwei Säulen beruht: dem alten Dominanzstreben und der aus der Familialität entwickelten Prosozialität, die unserem Gruppenleben zugrunde liegt. Unser Konkurrenzverhalten unterliegt innerhalb der Gruppe gewissen Regeln, auch der Fairness, die emotional auf die einem familialen Ethos zugrunde liegenden Gefühle der Empathie und auf die Bereitschaft zur gegenseitigen Hilfe begründen. Bereits in der anonymen Grossgesellschaft sind wir allerdings bereit, Schwächen unserer Mitmenschen rücksichtslos auszunützen. Es bedarf einer Erziehung zur Gemeinschaft. Versäumt der Unterricht einen Gemeinsinn zu wecken, dann entsteht das, was wir die Ellbogengesellschaft nennen. In Reaktion auf den Missbrauch des Gemeinsinnes unter dem Nationalsozialismus huldigte man in Deutschland

---

3 I. Eibl-Eibesfeldt (1982): Warfare, Man's Indoctrinability and Group Selection. Zeitschrift für Tierpsychologie 60, S. 177–198.
I. Eibl-Eibesfeldt (1998): Us and the Others. The Familial Roots of Ethnonationalism. In: I. Eibl-Eibesfeldt and F.K. Salter: Ethnic Conflict and Indoctrination. Altruism and Identity in Evolutionary Perspective. Berghahn Books, New York, Oxford, S. 21–53.

nach dem Kriege einem für das Staatswesen unbekömmlichen extremen Individualismus.[4]

Noch schlimmer ist es um den internationalen Wettbewerb bestellt. Hier gehen die Konzerne und Volkswirtschaften gegeneinander vor, vom Kurzzeitdenken geleitet und vom Streben nach Macht zur Dominanz angetrieben mit einer Rücksichtslosigkeit, so dass man zu Recht von Wirtschaftskriegen spricht. Wir reden zwar viel von Nachhaltigkeit, aber plündern von Gier getrieben unseren Planeten und unsere Mitmenschen. Von einem generationenübergreifenden Überlebensethos sind wir weit entfernt. Steht einem solchen nicht unsere Programmierung auf den Wettlauf im Jetzt mit seinem Kurzzeitdenken grundsätzlich im Wege? Ich meine nicht.

Entwicklungen in der Landwirtschaft:

Zunächst lehrte uns unsere bäuerliche Kultur, dass wir durchaus in der Lage sind, vorsorglich zu haushalten. Unsere bäuerlichen Vorfahren lebten nicht in den Tag. Sie lernten ihr Land pfleglich zu behandeln und Bäume zu pflanzen, die erst nachfolgenden Generationen von Nutzen waren. Sie beuteten ihr Land nicht aus und waren mit ihm auch affektiv verbunden.

Ich fahre täglich von meinem Heim im bayerischen Söcking zu meinem Institut in Andechs durch eine bäuerliche Kulturlandschaft, die seit gut 2000 Jahren bewirtschaftet wird. Kelten und Römer lebten von diesem Land, und viele Generationen von Bayern bis zum heutigen Tag. Und es zeigt keinerlei Zeichen von Zerstörung. Auf den bronzezeitlichen Hügelgräbern weiden Kühe, mittelgrosse Felder und Wiesen wechseln mit kleineren Wäldern. Dazwischen eingestreut kleine Ortschaften mit Wohlstand ver-

4 Siehe. dazu I. Eibl-Eibesfeldt (1994): Wider die Misstrauensgesellschaft. Piper, München.

kündenden Höfen. Die auf pflegliche Art erwirtschafteten Produkte waren von hoher Qualität und sie reichten bis in die siebziger Jahre aus, die Bevölkerung dieses Landes mit gesunden Produkten zu versorgen und den Produzenten einen gewissen Wohlstand zu sichern.

Dies änderte sich in den letzten drei Jahrzehnten durch die industrielle Feldbestellung und durch die Massentierhaltung in dramatischer Weise. Beides gefährdet das bisher Erreichte. In bestimmten Gebieten Deutschlands, Frankreichs, Italiens und Spaniens werden heute sehr grosse Flächen mit schweren Maschinen bestellt, die den Boden verdichten. Die intensive Düngung tötet ⅔ der Bodenorganismen, und zwar vor allem die Regenwürmer, die ihn wieder lockern würden. Daher dringt das Regenwasser nicht schnell genug ein, und das wirkt sich vor allem nach der Ernte verhängnisvoll aus. Denn dann liegen die Felder viele Monate ohne schützende Pflanzendecke. Regen wäscht das Erdreich weg, und bei Trockenheit verbläst es der Wind. Glaubt man so weitere zweitausend Jahre wirtschaften zu können? Keineswegs, aber das schert wenige. Im Augenblick erwirtschaftet man auf diese Weise die Produkte billiger als auf die traditionelle Art, da man Arbeitskräfte spart. Und nur die Gegenwart, nur der Pro-Hektar-Ertrag, jetzt, zählt. Man pflegt das Land nicht mehr, man beutet es aus und lässt es verkommen. Einige werden dabei reich, aber viele zugleich arbeitslos. Ähnliches gilt für die Massentierhaltung.

Wer Hunderte von Schweinen, Rindern und Geflügel hält, verdrängt zunehmend die bewährten bäuerlichen Methoden der Viehhaltung. Einige werden wohlhabend, während viele der kleineren und mittelgrossen bäuerlichen Betriebe zugrunde gehen. Dass die Produkte vom seuchenhygienischen Standpunkt nicht unbedenklich sind und überdies von minderer Qualität, und dass die Methoden der Tierhaltung gegen unsere Ethik verstossen, wird ebenso verdrängt wie die sozialen Probleme. Es zählt der

Wettlauf im Jetzt. Wirtschaftlich rentiert sich dies für den Massentierzüchter nur, weil die durch die Arbeitslosigkeit verursachten Soziallasten und ebenso die Kosten für alle seuchenpolitischen Massnahmen, die bekanntlich in die Milliarden gehen, dem Staat und damit der Gemeinschaft aufgebürdet werden, während der Nutzen allein den rücksichtslos Wirtschaftenden zufällt. Das alte Problem der allgemeinen Güter in neuer Form!

Mittlerweile kehren längst überwunden geglaubte Seuchen wie die Maul- und Klauenseuche und die Schweinepest zurück, und neue virale Seuchen entstehen, unter anderem durch Hybridisierung von Geflügel- und Schweineviren, die sich für den Menschen als höchst gefährlich erweisen. Es kostet den Steuerzahler jedesmal Milliarden, die Seuchen einzugrenzen. Die Zahlungen scheinen natürlich nicht in der Bilanz der Verursacher auf, die sich als hilfsbedürftige Bauern tarnen, obgleich sie selbst in dieser Situation noch Profit machen können, denn wird pro getötetem Rind bezahlt, dann lohnt sich das für die Grossbetriebe immer noch. Die kleineren und mittleren Betriebe gehen allerdings zugrunde. Nur weil all die Kosten nicht den Verursacher aufgelastet werden – und dazu gehören auch die Soziallasten durch die «Freisetzung» der Arbeitskräften, können die Massentierzüchter ihr oft mit Antibiotika belasteten und wie der Fleischmehlskandal belegt, nicht immer ganz einwandfreien Produkte billig in den Supermarkt bringen. Langfristig handelt es sich um ein verantwortungsloses Wirtschaften. In Krisenzeiten wird ein Land, das seine Nahrungsmittelproduktion durch Massentierhaltung konzentriert, extrem anfällig. Die Lebensmittelproduktion Europas kann heute mit wenigen gezielten Bomben- oder Bioattacken ausgeschaltet werden. Viele Europäer überlebten die Hungerjahre 1944–1947, weil es im Umkreis der Städte über das ganze Land verstreut immer noch Bauern gab.

Schliesslich stirbt im Gefolge der geschilderten Entwicklung mit der industrialisierten Landwirtschaft eine höchst beachtenswerte bäuerliche Kultur. Wo sie sich frei entfalten konnte, entstanden Höfe und Kirchen, die von einem hohen Kunstsinn und auch handwerklicher Kunstfertigkeit zeugen. Unsere Kulturlandschaft würde mit der Vernichtung der mittleren und kleineren landwirtschaftlichen Betriebe veröden. Ausserdem verlören wir ein Reservoir einer hochbegabten Bevölkerung, aus der sich die Stadtbevölkerung über Jahrhunderte regenerierte, eine Bevölkerung, die in Landwirtschaft und Handwerk durch eine lange Erfahrung auf Überleben und damit Intelligenz, die Fähigkeit zu planen und über die unmittelbare Zukunft hinaus zu denken, ausgelesen wurde. Die Landbevölkerung pflegte und liebte ihr Land und sie pflanzte Bäume für künftige Generationen. Nicht nur kulturell, auch bevölkerungspolitisch ist sie für Europa von nicht zu unterschätzendem Wert.

Betriebs- und volkswirtschaftliche Interessen

Bereits in der Landwirtschaft kommt es, wie wir am Beispiel Massentierhaltung aufzeigten, zu einem Konflikt zwischen betriebswirtschaftlichen Interessen und der Volkswirtschaft, der auf die Dauer nicht tragbar ist. Vergleichbare Entwicklungen beobachten wir im Rahmen der Globalisierung auch im Bereich der industriellen Produktion, der Dienstleistungsunternehmen und des Handels. Seit Urzeiten leben Menschen eingebettet in Gemeinschaften, in denen sie Beistand und Sicherheit fanden. Zunächst waren dies die individualisierten Kleinverbände, die – wie wir schon ausführten – quasi-familial verbunden waren. Daraus erwuchsen im Verlauf der kulturellen Evolution die Grossverbände bis zu den Millionengesellschaften der technisch-zivilisierten Welt. In ihnen wurde das Faustrecht der gewaltsamen Aneignung des Einzelnen ebenso wie das Recht der Vergeltung mit Gleichem (Jus talionis) durch eine kodifizierte Rechtsordnung abgelöst. Das zivilisierte den Wettbewerb und der Staat sorgte mit dazu eingesetzten Organen und einer Rechtssprechung für den inneren Frieden. Eine solche Zivilisierung des Wettstreits kann grundsätzlich über Konventionen auch zwischen Staaten für den wirtschaftlichen Konkurrenzkampf erreicht werden. Das vereinte Europa ist ein hoffnungsvolles Beispiel für die Welt. Allerdings sind wir von einer weltweiten Beseitigung des Faustrechts und des Rechts auf Vergeltung noch weit entfernt. Und das haben wir in der Wirtschaft auch in Rechnung zu stellen.

Von den Entwicklungen, die den Binnenmarkt der Europäischen Union und der in ihr vereinten Nationalstaaten gefährden, seien im Folgenden die Aussenverlagerung der Produktion und die damit verbundene Freisetzung von Arbeitskräften sowie die von wenig Vorsorge geführte Veräusserung von Staatsbetrieben und anderen Vermögenswerten im Rahmen der Entstaatlichung und schliesslich der freie Geldverkehr besprochen.

Anlässlich des Weltwirtschaftsgipfels in Davos erschien am 27. Januar 2000 in der *Zeit* ein Gespräch, das die *Zeit*-Interviewer UWE JEAN HEUSER und MATTHIAS MATT mit dem Präsidenten des Weltwirtschaftsforums führten. Sie stellten zunächst die Frage, welche Aufgaben sich für die Wirtschaft jetzt stellen würden und was «soziale Marktwirtschaft» in einer globalisierten und digitalisierten Welt bedeuten würden. SCHWAB meinte darauf, dass natürlich Umwelt- und Sozialbelange durch die Wirtschaft berücksichtigt werden müssten, «aber nicht nach einem sozialen Vorsorgestaat, sondern nach modernen Verhältnissen».[5]

Im weiteren Gesprächsverlauf wurde dann auch erörtert, wie diese beschaffen sein sollten: «Einer meiner Freunde hat im vergange-

---

5 Laut einem Bericht in der *Süddeutschen Zeitung* 166 (S. 3) vom 22.7.2003 schrieb ALAN GREENSPAN im «Objective Newsletter», wenn man den Wohlfahrtsstaat von seinem «akademischen Jargon» befreie, sei er «nichts anderes als ein Mechanismus der Regierung, um den Reichtum der produktiven Mitglieder der Gesellschaft zu konfiszieren». Und über das Funktionieren des Kapitalismus schrieb er in einem Leserbrief an die Times nach dem genannten Bericht der SZ: «Parasiten, die dauerhaft keine Daseinsberechtigung nachweisen können, gehen zugrunde. Und so sollte es auch sein.» Dem darf man wohl widersprechen!

nen Jahr in Europa 3000 Menschen entlassen und in China 4500 eingestellt. Ist er sozial gesehen ein guter oder schlechter Unternehmer? Ich meine: Wir bestimmen unternehmerische Verantwortung noch zu sehr im nationalen statt im globalen Rahmen.»

Nun produziert man in China sicher billiger. Der Stundenlohn betrug damals zwischen 26 bis 36 Pfennigen und die Wochenarbeitszeit 60 bis 90 Stunden. Aber was der zitierte Unternehmer übersieht sind die langfristigen Folgen der einseitigen Aufkündigung eines Leistungstausches.[6] Die 3000 Gekündigten gehen dem eigenen Markt als Käufer verloren. Und es handelt sich, wie wir schon ausführten, um einen überaus potenten Markt. Zugleich fallen die Freigesetzten zunächst als Arbeitslose dem Staat zur Last. Gegen die Aussenverlagerung der Produktion ist natürlich nichts grundsätzlich einzuwenden. Man kann so Märkte in anderen Ländern aufbauen und damit sogar eine gewisse Entwicklungshilfe über Investition leisten. Nur sollte man die Produktion im eigenen Land nicht einstellen, selbst wenn sie teurer kommt. Das kann nur funktionieren, wenn sich der mittlerweile sehr starke Markt der EU gegen die Importe aus Billiglohnländern zur Bewahrung des eigenen Wohlstandes zolltechnisch absichert. Freien Handel kann man nur mit Ländern pflegen, die in ihrem Lebensstandard dem eigenen etwa entsprechen.

Das immer wieder gehörte Argument, «man könne gegen die Globalisierung nichts machen», überzeugt nicht. Wir können natürlich etwas tun, der christlich-sozialen, ebenso wie der sozialdemokratischen Tradition und Wertehaltung gemäss, die nicht in der Nivellierung des allgemeinen Wohlstandes auf ein möglichst niedriges Niveau, sondern in Verfolgung eines nachhaltigen Eigeninteresses sich die Anhebung des Wohlstandes durch Angleichung nach oben zum Ziel setzt. Jeder Arbeitgeber ist über

6 Das Geld, das einer für eine Leistung erhält, ist eine Gutschrift, mit der einer die Leistung einer anderen Person erkaufen kann. Dienstleistungen ebenso wie fertige Waren.

das Geld im Leistungstausch auch ein Arbeitnehmer, und handelt er so, dass ihm der eigene und damit der wichtigste Markt wegbricht, dann handelt er gegen seine Langzeitinteressen. Der Prozess droht mittlerweile lawinenhaft anzuschwellen. Immer mehr «freigesetzte» Arbeitskräfte, immer höhere Soziallasten für die Staaten der EU, und als Folge auch eine zunehmende Angst jener, die noch einen Arbeitsplatz haben und die ihr Geld aus Sorge um die Zukunft zurückhalten, was wiederum die Konjunktur dämpft.

Entstaatlichung und die Selbstentmachtung des Staates

Diese Entwicklung wird durch die zunehmende Entstaatlichung von Staatsbetrieben im Rahmen der Privatisierung verschärft. Die Grundidee war gut. Als 1961 die Volkswagen-Werke privatisiert wurden, bot man der Bevölkerung die 100-Mark-Aktie um 350 Mark an. Heute notiert die 5-Mark-Nennwert-Aktie trotz der schlechten Lage auf den Aktienmärkten um 36 Euro. Das gibt auf die 100-Mark-Aktie umgerechnet in DM 1404 DM. Das war anständig gehandelt. Der Wert der Aktien hat sich ungefähr vervierfacht. Dazu kommen nicht unerhebliche Ausschüttungen. Das Land Niedersachsen handelte ferner verantwortungsvoll, indem es sich die 51%-Mehrheit vorbehielt. Die Europaminister in Belgien, die die Bundesrepublik dazu überreden oder gar zwingen wollen, diese Mehrheit abzubauen, vertreten nicht die Interessen Europas. Der Verdacht, dass hier internationale Lobbyisten am Werk sind, denen Europa gleichgültig oder als Konkurrent eher lästig ist, drängt sich auf, zumal ja die Riege der Europaminister schon einmal und vor nicht allzu langer Zeit geschlossen zurücktreten musste.

Gegenüber der gelungenen Privatisierung des Volkswagenwerkes im Dienste eines Volkskapitalismus kann man das Angebot der 3. Tranche von Telekom um 65,20 Euro die 5-Mark-Aktie (!) nur skandalös nennen. Die Regierung propagierte damals, die Bürger sollten endlich einmal auch für sich selbst Vorsorge treffen und überredete damit naive Leute, die nie was mit Aktien zu tun hatten, das Angebot anzunehmen.[7]

Aber die Sitten werden zunehmend rauer. Ich war vor einiger Zeit in Görlitz, einer bezaubernden Kleinstadt an der polnischen Grenze. Ein grosser Teil der Bevölkerung arbeitete einst in den durchaus modernen Triebwagenwerken. Die wurden an die kanadische Firma Bombardier verkauft. Die schloss den Betrieb zum grössten Teil mit dem Ergebnis, dass in Görlitz eine Arbeitslosigkeit von 25% herrscht. Wie rechnet sich das noch für den Staat? Was erhielt er für den Verkauf und was ist mittlerweile an Sozialkosten aufgelaufen? Es wäre wohl an der Zeit, dass der Bund der Steuerzahler solche Privatisierungen untersucht. Mittlerweile hat Bombardier auch die Zweigstelle in Halle geschlossen.

Was bei solchen Verkäufen oft von den Beamten übersehen wird ist, dass die als Käufer auftretenden Betriebe oft nur am Erwerb von Märkten interessiert sind und nicht an der Fortführung der Produktion. Sie kaufen und verlagern die Produktion in Billiglohnländer. Das geschah auch mit dem österreichischen Semperitwerk, das von der deutschen Firma Continental übernommen wurde. Die österreichische Tabakregie wurde nach England verkauft. Dort hat sie in fünf Jahren über die Dividende ihren Verkaufspreis eingebracht. Hätte man den Betrieb als Staatsbetrieb erhalten und die Einnahmen einem Pensionsfonds überantwortet, wäre für Österreich das Pensionsproblem gelöst. Es herrscht Kurzzeitdenken, das an Unverantwortlichkeit grenzt.

---

7 Sie hätten es ja nicht tun müssen, hört man, wer spekuliert hat selber Schuld. Das kann man gegenüber Leuten mit höheren Einkommen durchaus vertreten. Wen man aber gegenüber Leuten niederer Einkommensklassen diesen Standpunkt vertritt, ist man ein Zyniker. Hier wäre es angemessen, wenn man den Irregeleiteten den Rückkauf der Aktien zum Ausgabekurs und die Anlage in mündelsicheren Papieren anbietet.

Zurzeit herrscht grosse Aufregung um den offenbar ins Auge gefassten Verkauf des Stahlriesen Voest Alpine. Der Kanadier Frank Stronach, Haupt der Firma Magna, plant den Kauf. Hinter den Kulissen sollen bereits Übernahmeverhandlungen laufen. Laut *Krone*-Umfrage sehen die Österreicher die Entwicklung äusserst kritisch: «Von einer stückchenweisen Verscherbelung, ja sogar Zerstörung unseres Paradeunternehmens bis hin zu einem massiven Verlust heimischer Arbeitsplätze gehen die Befürchtungen» (*Neue Kronen Zeitung,* 23. Juni 2003). Es droht der kurzsichtige Ausverkauf eines weiteren Flaggschiffes der Industrie und damit eine weitere Selbstentmachtung des Staates. Wo soll das hinführen? Der von Stiglitz geäusserte Verdacht (s. Fussnote 8) ist nicht von der Hand zu weisen.

Für bedenklich halte ich, dass von den angebotenen Werken viele sensitive Dienstleistungbetriebe sind, die auch in Krisenzeiten funktionieren sollen. Dazu wurden sie ja auch mit Beamten besetzt, die nicht streiken dürfen und die dafür viel besser gestellt sind als Angestellte, vor allem was die Pensionierung betrifft.

Bei solchen Betrieben müsste der Staat darauf achten, dass er stets die Mehrheit der Aktien behält und darüber hinaus die eigene Bevölkerung bzw. die der Europäischen Union als Käufer bevorzugt werden. Der öffentliche Verkehr, die Post, Telekommunikation, Wasserversorgung sind von strategisch viel zu grosser Bedeutung, als dass man sie dem nichteuropäischen Ausland zum Kauf anbieten dürfte. Das gleiche gilt für bestimmte Bereiche der Wehrtechnik. Irgendwann werden sie dann daran denken, auch die Organe der staatlichen Gewalt zu verkaufen, die Polizei, das Militär und was sich sonst noch anbietet. Karthago ging unter, weil die Phönizier ihre Söldner nicht mehr bezahlen konnten. So weit darf es mit der Demontage des Staates nicht kommen!

Es war sicher nicht vorauszusehen, welche Formen die Privatisierung im Rahmen der Globalisierung annehmen würde, und eine

Politikerschelte wäre zu billig. Man muss aber bereit sein, aus Fehlern zu lernen. Das ist die einzige Forderung, die man stellen darf.[8]

Die Globalisierung der Geldmärkte

In einem Interview im *Spiegel* 15 (1998), S. 121, zwischen SCHIMON PERES und GEORGE SOROS, meinte SOROS, dass wirtschaftlich und politisch weiterhin einseitig auf Konkurrenz und Konflikt gesetzt würde. Der einseitige Glaube, Ökonomie und Sozialdarwinismus könnten die Richtlinien für unsere Gesellschaft abgeben, sei jedoch falsch. Dies würde nirgends deutlicher als auf den globalen Finanzmärkten. Auf den Einspruch PERES, die Finanzströme wären der Schlüssel der globalen Wirtschaft, der Handel würde nur ein Zehntel (!) der Bewegung auf den Finanzmärkten ausmachen, antwortet SOROS: «Das weltweite kapitalistische System basiert auf der falschen Prämisse, dass man nur die Wettbewerber ihre freien Entscheidungen treffen lassen muss, und dann wird sich das ganze System ins Gleichgewicht bewegen. Die Instabilität liegt im System. Märkte können sich selbst korrigieren: Teilnehmer erkennen, dass sich ihre Erwartungen nicht erfüllen und korrigieren ihre Entscheidungen. Darin liegt der Vorteil der Marktwirtschaft gegenüber der Planwirtschaft. Aber Finanzmärkte bergen die Gefahr selbstzerstörerischer Entwicklungen ... Asien hat gezeigt, dass sie wie eine Abrissbirne wirken kann. Die Finanzmärkte brauchen Aufsicht und Regeln.»

In einem Artikel in der *Zeit* vom 13. Januar 2000 plädiert DAVID HELD für eine demokratische Regulierung der Geldmärkte. Er

8 Äusserst kritisch zu Fragen der Privatisierung äusserte sich übrigens jüngst JOSEF STIGLITZ. In vielen Ländern, sagt er, hätten Regierungsbeamte erkannt, dass ihnen die Privatisierung Horizonte eröffnet, die über die jährliche Gewinnabschöpfung hinausgehen. Durch den Verkauf eines Staatsunternehmens könnten sie sich einen ordentlichen Happen seines Substanzwertes sichern, statt ihn künftigen Amtsinhabern zu überlassen! (JOSEF STIGLITZ: «Die Schatten der Globalisierung», Siedler, Berlin 2002, S. 75 ff.).

zitiert in diesem Zusammenhang ein Interview JOHN HUMPHRIES (BBC) mit TONY BLAIR. HUMPHRIES: «Beunruhigt es Sie denn nicht, dass dieses ganze Geld, diese 1,3 Trillionen Pfund, täglich auf der Welt umher schwappen, und dass ein paar Jungs mit Hosenträgern auf die Weise ganze Volkswirtschaften ruinieren können?»[9] BLAIR: «Doch, aber ich glaube, dass die Welt eben so läuft. Diese Veränderungen sind Veränderungen, gegen die wir uns nicht immunisieren können.»

Eine eher deprimierende Stellungnahme! Ist die Selbstdestruktion der europäischen Staaten bereits so weit fortgeschritten, dass Regierungen auf das regieren verzichten und so ihre Selbstentmachtung betreiben? Will man den Banken und Konzernen das Regieren überlassen?

Man lässt es treiben und die Banken geraten wegen des Kurzzeitdenkens ihrer Führung in Schwierigkeiten. Nicht mehr Kundendienst, der Shareholder Value zählte, und der musste wachsen. Eine Zocker-Mentalität beherrschte die Banken mit der Folge, dass selbst so hochangesehene Institutionen wie die Deutsche Bank in Schwierigkeiten gerieten.

Das emotionale Hirn gewann hier wohl in fataler Weise die Oberhand über die Vernunft. Es ist höchste Zeit, dass Ernüchterung eintritt und rationale Selbstkontrolle. Und damit vielleicht auch ein Zurücktreten des Eigeninteresses gegenüber dem der Nation, der man angehört, und auf einer höheren Ebene auch dem Europas.

In einem höchst bemerkenswerten Beitrag zur Debatte über die Globalisierung schreibt JOSEF SCHMID (*Frankfurter Allgemeine*,

9 Nach Angaben der Bank für Internationalen Zahlungsausgleich werden gegenwärtig an einem durchschnittlichen Tag Devisen im Wert von 1500 Milliarden (!) Dollar gehandelt. Nur 5 bis 10% davon dienen nach KLAUS KUSBER (Analyst der Dresdner Bank) dem Güterhandel. Die Devisenspekulation erreicht damit unvorstellbare Ausmasse, die Volkswirtschaften ruinieren kann.

22. August 1996): «Globalisierung ist nicht nur Schicksal oder Ausgeliefertsein, demgegenüber nichts als Anpassung gefragt wäre. Sie zwingt dazu, sich über die eigenen Vorlieben klar zu werden und darüber, was gegenüber Weltbewegungen als erhaltenswert erscheint.» Und konkret auf das Wirtschaftliche bezogen meint SCHMID: «Eine Wirtschaftspolitik, die den Menschen dient und nicht nur den Betriebseinheiten, wird in gewissem Umfange Nationalökonomie bleiben müssen. Die verzweifelte Suche nach dem ‹patriotischen Unternehmer›, der nicht auslagert, dem unverdrossenen Biologen, der nicht nach Asien geht, nach dem Arbeiter, der nicht pausiert, kann beginnen.»[10]

Die Marktwirtschaft und der soziale Friede und Wohlstand sind untrennbar miteinander verbunden, und das Soziale darf – wie JOSEF SCHMID bemerkte – nicht die Marktwirtschaft und diese nicht das Soziale fressen.

Wir sind in der arbeitsteiligen Gesellschaft in einen Leistungstausch eingebunden, den wir nicht einseitig aufkündigen können, ohne das Gesamtsystem einer Gemeinschaft empfindlich zu stören und uns damit selbst zu schädigen. Die Einteilung einer Gesellschaft in Arbeitgeber und Arbeitnehmer ergibt sich aus der Sicht einer hierarchisch gegliederten Arbeitsteilung, die sich im Grunde bewährt, weil sie sich an der Leistung orientiert, welche Begabung oft besonderer Art, Fleiss, Investition in Ausbildung und in der Aufstiegsphase wie meist auch danach spezielle Einsatzbereitschaft, auch auf Kosten der sogenannten Freizeit, voraussetzt. Da unser System allen Menschen ihrer Begabung gemässe Aufstiegschancen bietet, ist es akzeptabel, dass besondere Leistungen ihre besondere soziale und finanzielle Anerkennung finden. Wichtig ist, dass wir darüber nicht übersehen, dass Arbeitgeber wie Arbeitnehmer, also beide Leistungsanbieter sind. Die

10 J. SCHMID: «Unausweichlich, aber kein Fortschritt.» In: *Frankfurter Allgemeine,* Nr. 185, 22. August 1996, S. 11.

Arbeitgeber bieten ihre Leistungen über die Märkte an, in denen auch jene als Käufer auftreten, deren Leistungen sie als Arbeitnehmer kaufen.

Es handelt sich also um partnerschaftliche Beziehungen symbiotischer Art, die nur dann für jeden profitabel bleiben, wenn jeder Teilnehmer an einer ökosozialen Marktwirtschaft bereit ist, die Interessen seiner Partner wahrzunehmen und ihnen nach Möglichkeit entgegenzukommen. Das hat sich, wie gesagt, nach dem Kriege ganz ausserordentlich bewährt. Vielleicht gelingt es Unternehmen und Gewerkschaften einen Schlüssel zu erarbeiten, der in Zeiten der Konjunkturen Gewinnausschüttungen oder Lohnerhöhungen bei Arbeitnehmern gestattet – in Krisenzeiten aber auch die grundsätzliche Bereitschaft des Partners findet, einen Ausgleich durch Einkommensminderung oder längere Arbeitszeigen zu gestatten.

Aus Verantwortlichkeit unseren Enkeln gegenüber müssen wir ein Absinken breiter Bevölkerungsschichten nahe an die Armutsgrenzen verhindern. Niemandem nützt diese Art von Nivellierung. Auch nicht jenen, die sich vorübergehend einen Wohlstand sichern können.

Was nützt die schönste Villa, wenn ich sie wie in manchen Ländern der neuen Welt mit stacheldrahtbewehrten Mauern umgeben muss, wenn ich nachts nicht ungefährdet die Strassen der Grossstädte betreten darf, und wenn mein Gewissen durch den Anblick krasser Armut bedrückt wird, von Menschen, die im Winter in Kartons in Kaufhauseingängen übernachten oder über Entlüftungsschächten, aus denen warme Luft strömt. Es gehört eine gewisse soziale Blindheit dazu, wenn ein Land sich des höchsten allgemeinen Lebensstandards brüstet, in dem soziales Elend dieser Art zum Alltag gehört. Mag sein, dass es sich so statistisch errechnet, aber einem Optimum an Lebensqualität ist das gewiss nicht gleichzusetzen.

Wir müssen befürchten, dass sich eine ähnliche Entwicklung bei uns in Europa anbahnt. Der neue Kapitalismus fordert den Abbau der Zollschranken für den freien Verkehr von Waren, Geld und Menschen. Man verkauft dies als Freizügigkeit, aber das wertbesetzte Wort dient gegenwärtig dazu, Ungezügeltheit zu verschleiern. Wir leben davon, dass wir unser Verhalten kultivieren, und dazu gehört auch umweltfreundliches und sozial verantwortliches Wirtschaften. Das kann man nicht, wenn man zulässt, dass Billigprodukte aus Ländern importiert werden, denen es an sozialer und ökologischer Verantwortung mangelt. Man kann nicht verlangen, in kostspielige Filteranlagen zu investieren, um Luft und Wasser sauber zu halten, wenn man es zugleich vorzieht Waren einzukaufen, die billiger sind, weil sie aus Ländern stammen, in denen ökosoziale Auflagen fehlen.

Migrationspolitik

Zu den vom Kurzzeitdenken beherrschten Lebensfragen Europas gehört die Migrationsfrage. Sie stellte sich nach dem zweiten Weltkriege zunächst den Kolonialmächten, nachdem diese ihre Unabhängigkeit erkämpft hatten. Immigranten aussereuropäischer Herkunft haben das Gesicht vieler europäischer Vorstädte bereits entscheidend geändert. Die Muslime in Frankreich grenzten sich als religiöse Minderheit betont von der autochtonen französischen Bevölkerung ab. Die Probleme sind genügend bekannt. Deutschland wurde mit ihnen erst gegen Ende der sechziger Jahre konfrontiert.

Als Folge des Wirtschaftswunders mangelte es Deutschland an billigen Arbeitskräften, die man als «Gastarbeiter» anwarb. Das schuf bei Süd- und Südosteuropäern keine weiteren Probleme. Viele kehrten, nachdem sie in Deutschland verdient hatten, nach einigen Jahren in ihre Heimat zurück und bauten sich dort eine Existenz auf oder sie wurden voll integriert zu Deutschen. Auch bei den in zunehmender Zahl aus der Türkei angeworbenen Arbeitskräften war dies anfangs der Fall. Diejenigen der ersten Generation, die hier blieben, passten sich ebenfalls zumeist gut an und ihre Kinder integrierten sich vollständig. Mit der zunehmenden Zahl der Einwanderer konnten sich diese unter Bewahrung ihrer türkischen Identität in bestimmten Stadtvierteln der Städte ihrer Wahl ethnisch abgrenzen. Über die Folgen ist viel geschrieben worden. Ich bemühte mich in drei Büchern[11], auf die Hintergründe dieser Entwicklung einzugehen. Man schwärmte damals von der Schönheit der Multikultur, die man naiv romantisch mit dem vietnamesischen Restaurant, der marokkanischen Boutique, der türkischen Imbissstube und dergleichen vergnüglicher Schilderungen verband. Man sprach von der Bereicherung des Landes durch die Einwanderer. «Assimilation, völkisch-kulturelle Integration werden weitgehend der Vergangenheit angehören», schwärmte HEINER GEISSLER[12] «denn Türken und Jugoslawen, Italiener und Spanier, Marokkaner und Japaner, Tamilen und Inder, Iraner und Libanesen kann man nicht zu Germanen machen». Aber alles in allem würde eine solche Multikulturalität helfen, ethnische und rassistische Vorurteile abzubauen. Und wer für den Nationalstaat eintrat, der galt für GEISSLER als «kultureller Chauvinist».

Nun wissen wir, dass verschiedene Völker in Frieden nebeneinander selbst in einem Staat koexistieren und kooperieren können. Die Schweiz ist für mich ein viel überzeugenderes Modell als der oft zitierte Vielvölkerstaat USA, in dem keineswegs innerethnischer Friede und überdies Armut herrscht. In der Schweiz funktioniert dagegen das interethnische Zusammenleben, weil

11 I. EIBL-EIBESFELDT (1998, 3. Auflage 2000): In der Falle des Kurzzeitdenkens. München, Piper.
I. EIBL-EIBESFELDT (1994, 3. Auflage 1997): Wider die Misstrauensgesellschaft. Streitschrift für eine bessere Zukunft. München, Piper.
I. EIBL-EIBESFELDT (1988, 4. Auflage 2000): Der Mensch, das riskierte Wesen. Zur Naturgeschichte menschlicher Unvernunft. München, Piper.

12 HEINER GEISSLER (1991): Unsere Gesellschaft wird Multikulturell sein. In: J. MIKSCH (Hrsg.): Deutschland – Einheit in kultureller Vielfalt. Otto Lehmbeck, Frankfurt/M. S. 17–32 (Zitate S. 31–32).

die Italiener, Franzosen, Rätoromanen und Deutschen jeweils unangefochten in ihren traditionellen Siedlungsgebieten beheimatet sind und heute keiner mehr die allmähliche bevölkerungsmässige Verdrängung durch den Nachbarn fürchten muss. Man pflegt die eigenen Sprachen und die kulturelle Hoheit. Wirtschaftlich, verteidigungspolitisch und aussenpolitisch tritt die Konföderation als Bundesstaat einheitlich auf. Multikultur funktioniert auf dieser Basis und sie ist für das Europa der Nationen auch das erfolgversprechende Vorbild und sollte es bleiben, zumal es für die Staaten Europas ja auch eine gemeinsame europäische Identifikationsebene gibt, die keineswegs die Auflösung der kulturell relativ homogenen Nationen erfordert. Der Versuch allerdings, die Nationalstaaten Europas über die Migration in multikulturelle Staaten zu verwandeln, gefährdet die Nationalstaaten und ist daher nicht dazu angetan, den inneren Frieden zu fördern. In Krisenzeiten werden die sich voneinander Abgrenzenden in rücksichtsloser Vertretung der Eigeninteressen der Gruppen um Sozialleistungen und Arbeitsplätze konkurrieren. Und wächst eine Immigrantenpopulation durch eine höhere Zahl von Nachkommen schneller als die sie beherbergende Wirtsbevölkerung, dann könnte es zu deren allmählicher Verdrängung kommen.

Man unterschätze nicht die Schnelligkeit, mit der solche Entwicklungen ablaufen. WILHELM HEITMEYER (1999)[13] liefert dazu für einige nordrhein-westfälische Städte bemerkenswerte Angaben, die in folgender Tabelle zusammengefasst sind. Sie zeigt in Prozenten den Anteil der 20- bis 40-jährigen Personen ohne deutschen Pass im Jahre 1992 und als Prognose die aus der seit-

13 W. HEITMEYER (1999): Zur Gefährdung der integrativen Stadtgesellschaft. Das Magazin, Wissenschaftszentrum Nordrhein Westfalen 2+3, S. 16–18. Mittlerweile hat die Bundesregierung in Deutschland ein Gesetz erlassen, demzufolge jedes in Deutschland geborene Kind die deutsche Staatsbürgerschaft erhalten und bis zum 21. Lebensjahr behalten kann. Dann hat es die Wahl, die deutsche Staatsbürgerschaft zu behalten oder die seiner Eltern zu übernehmen. Da sehr viele von dieser Regelung Gebrauch machen, dürfte sich der prozentuale Zuwachs der Einwanderer zwar nicht *de facto*, sondern durch einen gesetzlichen Trick, der wohl der Verschleierung einer kritischen Situation dient, etwa halbieren. Da nicht angegeben wird, ob es sich bei den Eltern um Ausländer handelt, ist Erfassung der weiteren Bevölkerungsentwicklung erschwert.

her erfolgten Zunahme dieses Bevölkerungsanteils errechnete Prozentzahl für das Jahr 2010:

	1992	**2010**
Duisburg	17,4	45,9
Remscheid	18,1	44,7
Köln	19,3	42,9
Gelsenkirchen	14,8	42,0
Düsseldorf	17,8	41,6
Wuppertal	17,2	40,9
Solingen	17,5	40,9

Da dieser Bevölkerungszuwachs der Personen ausländischer Herkunft mit einer gleichzeitigen steten Abnahme an verfügbaren Arbeitsplätzen und Wohnungen einhergeht, tendiert die Entwicklung dahin, dass die zweite und dritte Generation der Einwanderer in einen Reproduktionskreislauf sozialer Ungleichheit einmünden mit zunehmender Verarmung und weiterer Segregation bei fundamentalistischen Tendenzen.

Nun wird die Notwendigkeit der Zuwanderung damit begründet, dass wir die Leute als Arbeitskräfte brauchen würden. Selbst heute, da man in Deutschland weit über 4 Millionen Arbeitslose zählt, wird dieses Argument immer wieder vorgebracht. Dabei waren laut *Süddeutscher Zeitung* vom 8. Mai 2003 ein Drittel aller Arbeitslosen in München Ausländer. Sollte man wirklich einmal Arbeitskräfte brauchen, dann sollte man sie nicht als Immigranten einladen, sondern als Gastarbeiter, die das Land definitiv wieder verlassen, gut bezahlt mit Krankenversicherung, aber ohne Familienzusammenführung. Einbehaltene Rentenbeiträge sollte man ihnen auszahlen, damit sie in ihrem eigenen Land eine Existenz aufbauen können.

Reist man in die Türkei, dann macht man heute gar nicht selten die Erfahrung, dass man mit einem der Gastarbeiter der ersten

Jahre ins Gespräch kommt. Das läuft meist herzlich ab. Man wird begrüsst und es wird berichtet, wie er zum Beispiel in Stuttgart arbeitete und mit dem dort erarbeitetem Geld eine Existenz aufbaute. Mit der ach so gut gemeinten, aber im Grunde von einer Lohndrückermentalität motivierten Immigrationsförderung haben wir uns dagegen keine Freunde erworben. Denn viele leben hier gedrängt am Rande des Existenzminimums ohne viel Hoffnung. Dennoch verstummen jene nicht, die behaupten, wir bräuchten weitere Immigranten, um unsere Renten zu verdienen.

HANS ULRICH KLOSE meinte in einem Gespräch in der *Süddeutschen Zeitung* vom 25. Mai 1993: «Im Interesse der Wirtschaft braucht Deutschland jährlich bis zu 300000 Einwanderer ... Nur so können in Zukunft die Flüchtlingsströme gesteuert, genügend Arbeitskräfte rekrutiert und die Probleme der Rentenversicherung gelöst werden.» Und da nun einmal in den nordafrikanischen Staaten die Hälfte der Bevölkerung unter 25 Jahre alt sei und unmöglich alle dort Arbeit finden könnten, würden wir ihnen und uns Gutes tun, wenn wir sie bei uns aufnähmen. Sancta simplicitas![14] Dazu kommt dann noch die Familienzusammenführung, die Einschulung in Beruf und Sprache – wie soll das sozial und wirtschaftlich verkraftet werden? Wir sind mittlerweile im Jahr 2003 und die Arbeitslosigkeit ist weiter im Steigen. Was die Renten betrifft, so gibt es mittlerweile genügend Berechnungen, die zeigen, dass dieses Problem über Einwanderung nicht gelöst wird (J. BORCHERT 1993)[15]. Würde man dagegen das Ende der Erwerbsfähigkeit in jedem Kalenderjahr um einen Monat verlängern, dann läge der Erwerbsfähigenanteil der Wohnbevölkerung auch im Jahr 2030 immer noch höher als zu Beginn dieses Jahrhunderts. Von der Zuwanderung dagegen können wir keine Lösung des Rentenproblems erwarten.

14 Hier masst sich ein Politiker eine Kompetenz an, über die er offensichtlich nicht verfügt. Wohin soll das führen, wenn Schicksalsfragen von Völkern auf so leichtfertige Weise behandelt werden?

15 J. BORCHERT (1993): Renten vor dem Absturz. Ist der Sozialstaat noch zu retten? Frankfurt, Fischer Taschenbuch.

Die ausländische Wohnbevölkerung, die 1991 mit 6 066 730 Personen 6,8% der deutschen Wohnbevölkerung ausmachten (in dieser Zahl sind Flüchtlinge und Asylbewerber wohlgemerkt nicht enthalten), beanspruchten 27,8% der Sozialhilfe. Dieser Anteil wuchs in den vorangegangenen Jahren mit einer Dynamik von 18,4% jährlich!

In die Rentenversicherung zahlten die Ausländer 1989 noch 8 Milliarden DM ein. Sie erhielten 3,7 Milliarden ausgezahlt, was eine positive Bilanz von 9,1 Milliarden ergibt. Die an Ausländer geleistete Sozialhilfe hingegen bleibt verloren. Da die Ausländer eine überdurchschnittliche Arbeitslosenzahl erreichen, dürfte sich für die Arbeitslosenversicherung eine negative Belastung ergeben. Ausserdem stellen die Heimatüberweisungen (1992 5,6 Milliarden DM) eine wirtschaftliche Belastung dar, da dieses Geld dem deutschen Wirtschaftskreislauf entzogen wird. Ausserdem gibt es viel verdeckte Belastungen, die sich aus der erhöhten Kriminalität ergeben.[16]

Kein Land wird auf die Dauer in der Lage sein, Wirtschaftsflüchtlinge, Kriegsflüchtlinge, kurz alle jene zu versorgen, die hier von den Leistungen, die über viele Generationen von den Deutschen erarbeitet wurden, profitieren wollen. Wenn ich von den ach so Guten unseres Landes höre, «wir die Reichen» wären verpflichtet zu helfen, frage ich mich, wie Wirklichkeitsblind diese Ideologen sind. Wissen sie nicht, wie es jungen Akademikern geht, die sich bestenfalls von Stipendium zu Stipendium voranquälen, ergo keine Familie gründen können, weil die Selbstzerstörung mittlerweile so weit gedieh, dass wir das kollektive Hirn

16 Die Kriminellen rekrutieren sich aus in ihren Erwartungen enttäuschten Einwanderern und aus illegalen Zuwanderern, Wirtschaftsflüchtlingen und Asylbewerbern, die oft keine sind und die selbst dann nicht zurückgeschickt werden können, wenn sie angeben, sie wüssten nicht, woher sie kämen, den Pass hätten sie verloren. Sie verspotten unsere Behörden, indem sie sich Phantasienamen geben. Schliesslich wird die politische Kriminalität eine zunehmende Gefahr. Aber wir scheuen zurück, Ernsthaftes dagegen zu unternehmen. Nicht einmal selbsternannte Kalifen, die gegen den Staat agieren, schicken wir in ihr Heimatland zurück.

unserer Länder verkümmern lassen? Mit jeder Wissenschaftlerstelle, die wir streichen, auf welchem Gebiete auch immer, stirbt eine Population der Ganglienzellen unseres kollektiven Hirns.

Vor kurzem las ich, man erwäge die Möglichkeit, kriegsflüchtige Asylbewerber und Wirtschaftsflüchtlinge in von den Vereinten Nationen betreuten Siedlungen, bevorzugt in der Nähe ihrer Heimat, unterzubringen. Das ist ein vernünftiger Vorschlag. Man sollte allerdings nicht nur für das Allernotwendigste sorgen, sondern auch Ausbildungsmöglichkeiten schaffen. Damit würden Kriegsflüchtlinge und Asylbewerber nicht ihrer Heimat entfremdet und die Weltgemeinschaft würde die ungelösten Probleme vor Augen behalten.

Die Befürworter weiterer Immigration versteigen sich zu immer absurderen Argumenten, und dabei tut sich eine deutsche Partei, die sich als besonders umweltfreundlich gibt, besonders hervor. Sie verschweigt dabei, dass die europäischen Länder im Grunde bereits über die ökologische Tragekapazität belastet sind. Strassen als mörderische Fallen für alles Kleingetier zerschneiden unsere Landschaft. Sie klagen über die vielen Hektar Land, die täglich verbaut werden und meinen, wir würden zu wenige Kinder bekommen. Im Jahre 2050 würden wir etwa auf 60 Millionen geschrumpft sein. Ist denn das so katastrophal?[17] Es könnte mehr Lebensqualität dank unzerstörter Natur geben, ferner eine bes-

17 Mit 60 Millionen Einwohnern war Deutschland vor dem ersten Weltkrieg ein mächtiger Staat. Er führte auch vier Jahre einen höchst verlustreichen Mehrfrontenkrieg und unterlag mit allen Folgelasten, führte zwanzig Jahre danach vom 1. September 1939 bis zur unbedingten Kapitulation einen mörderischen Krieg, aus dessen Trümmern kaum einer glaubte, es würde sich je wieder zu einer Wirtschaftsmacht von Bedeutung erholen können. Geteilt, nach gewaltigen Landverlusten und der Zerstörung seiner Industrie, besetzt, die Städte in Trümmern mit Millionen von vertriebenen Deutschen schien alles aussichtslos. Aber bereits zehn Jahre danach bahnte sich bereits das an, was man das Wirtschaftswunder bezeichnete. Mit etwa 45 Millionen Personen, darunter etwa 12 Millionen Flüchtlinge und einem grossen Überhang an Frauen, da viele der Männer gefallen oder verwundet waren. Es kommt auf die Motivation an und nicht nur auf die Zahl. Ich bringe dieses Beispiel nicht, um die Kriegsleistungen zu verherrlichen, sondern nur als Extrembeispiel, was ein Volk in Extremsituationen zu leisten vermag, welche Entbehrungen es ertragen kann und wie gross seine Regenerationsleistungen sind.

sere Risikoabsicherung für Krisenzeiten, da Deutschland dann vom Import fossiler Energieträger etwas entlastet wäre. Insgesamt könnte es eine Erhöhung des kulturellen Standards bedeuten, denn die Produktivität pro Person steigert sich ja unentwegt, soweit wir das abschätzen können. Die Versorgung des vorübergehenden Überhanges einer alternden Bevölkerung wäre damit kein grundsätzliches Problem. Geradezu grotesk ist der Vorschlag, eine Ersatzimmigration zu gestatten, um das Geburtendefizit auszugleichen.

DIETER OBERNDÖRFER, derzeitiger Vorsitzender des Rats für Migration und emeritierter Politikwissenschaftler der Universität Freiburg, beklagte den Bevölkerungsschwund in einem Beitrag zur Sparte «Aussenansicht» der *SZ* (Juni 2003)[18] und meinte, diese Lücken könnten nur durch Zuwanderung ausgefüllt werden. Dieser «notwendigen Lösung» stünden allerdings immer noch Traditionen völkischen Denkens im Wege. Solange man Zuwanderung nur als Störfaktor einer stets fiktiv gewesenen ethnischkulturellen Homogenität und ihrer selektiv konstruierten Leitkultur gesehen und als Überfremdung wahrgenommen würde, meint Oberndörfer, würden die Barrieren gefestigt, an denen die Öffnung Deutschlands immer wieder gescheitert ist. Nun, hoffentlich scheitert sie auch weiterhin. Denn dass man seine Identität aufgibt, darf man nicht fordern. Schliesslich ist es auch im Grundgesetz festgeschrieben, dass deutsche Politiker die Interessen des deutschen Volkes wahrzunehmen hätten. Die Ermunterung so zu handeln, dass Deutschland sich aus der Welt verabschiedet, sollte nicht gerade vom Vorsitz des Rats für Migration kommen, oder handelt es sich um eine selbsternannte Position? Auch in anderen Ländern Europas wie in England und Frankreich sind Kräfte der Selbstzerstörung am Werk. Dazu äusserte sich der Militärwissenschaftler MARTIN VAN CREVELD in der neu

18 DIETER OBERNDÖRFER: Warum wir Zuwanderung brauchen. *Süddeutsche Zeitung*, 13. Juni 2003.

vom Institut für Staatspolitik herausgegebenen Zeitschrift Sezession:[19]

Sezession: Wie kompensieren wir den Verlust des Krieges?
CREVELD: Schauen Sie doch nur nach Europa, vor allem nach Deutschland. Die Menschen scheinen ihren Lebenswillen verloren zu haben, sie sind weder bereit zu kämpfen, noch Kinder zu bekommen.
Sezession: Sie sehen schwarz für Europa?
CREVELD: Es kommt darauf an, was Sie unter Europa verstehen. Es wird in Zukunft keine Europäer mehr geben, falls Sie das meinen.
Sezession: Es ereilt uns das Schicksal der Dekadenz?
CREVELD: Ich würde es lieber «sexuellen Selbstmord» nennen (l.c. S. 13).

CREVELD rät uns zu nichts, er stellt nur fest, und den Reim, den müssen wir uns wohl selbst darauf machen. Ich fühle mich Wien verbunden, dem Staate Österreich, meiner deutschen Kulturnation und Europa, daher ist es mir nicht gleichgültig, ob wir uns aus der Welt verabschieden. Das Geburtendefizit könnte behoben werden, wenn es uns gelänge, wenigstens die Hälfte aller bei uns abgetriebenen Kinder zu retten. Legal sind das um 130 000 bis 140 000 pro Jahr, mit der Dunkelziffer rund 250 000.

Auch global betrachtet nimmt die Bevölkerung Gesamteuropas gegenüber der Weltbevölkerung deutlich ab. 1900 machte sie 24,9% der Weltbevölkerung aus. Im Jahre 2000 waren es gerade noch 12%, und für 2050 errechnete man beim derzeitigen Trend einen Bevölkerungsanteil von 7,2%.

19 Interview: MARTIN VAN CREVELD geführt von MORITZ SCHWARZ: *Sezession* 1. Jahrgang Heft 1, S. 8–13 (2003).

Das Konzept der ökosozialen Friedensregionen

Abgrenzung und Offenheit kennzeichnen dieses Leben von den ersten zellulären Organismen bis zu uns Menschen, die wir als Persönlichkeiten Privatheit ebenso suchen wie Gemeinsamkeit. Wir sprachen über die primäre Mutter-Kind-Bindung, die das Urvertrauen kennzeichnet und davon, dass dieses Vertrauen in einer gesunden Mutter-Kind-Bindung bekräftigt wird, sodass das ebenfalls in uns angelegte Urmisstrauen in Schritten abgebaut wird. Der Mensch sucht den Menschen und fürchtet sich vor ihm. Aber er hat Dank seiner prosozialen Veranlagung, die mit der Brutpflege in die Welt kam, und Dank seiner Sprachfähigkeit und der damit verbundenen Begabung zur Kultur wie keine andere Art das Potential, sich in immer grösseren Solidargemeinschaften zu verbünden.

Heute wird gefordert, wir müssten uns mit der gesamten Menschheit verbrüdern und dazu alle Grenzen aufheben, denn Abgrenzung wäre ein feindlicher Akt. Und um uns voll mit einer Weltgemeinschaft zu identifizieren, wäre es ferner notwendig, alle anderen Identifikationen, insbesondere völkische und nationale, aufzugeben, ja für uns Europäer selbst die europäische Identifikationsebene. Das ist ein fataler Irrtum. Die Identifikation mit der nächst höheren Gemeinschaftsebene setzt ja die vertrauensvolle Einbindung in eine basalere Identifikationsebene voraus, die vertrauensbekräftigend und auch stark emotional besetzt ist. Sie aufzugeben wäre für die Bildung einer Weltgemeinschaft geradezu kontraindiziert. Jede Gemeinwesenbildung auf höherer Ebene eröffnet Kontakte auf nächst höherer Ebene, sie ist sogar Voraussetzung dafür.

Was nun die Menschheit betrifft, so sind wir natürlich bei den oft erheblichen kulturellen und den bisweilen doch augenfälligen biologisch-anthropologischen Unterschieden in besonderer Weise herausgefordert. Hans Hass hat dazu 1981 treffend bemerkt:

«Kein Mensch ist in der Lage, vier Milliarden[20] ihm unbekannter Menschen zu lieben. Dagegen haben wir sehr wohl allen Grund zu einer kameradschaftlichen Gesinnung. Denn sozusagen alles, was unser Menschsein ausmacht, verdanken wir jener anonymen Vielheit anderer Menschen, die vor uns lebten und deren Leistungsergebnisse uns gleichsam als Geschenk übermacht sind.»[21]

Für uns Europäer hat zunächst die Sicherung unserer eigenen Zukunft in einer übervölkerten Welt Priorität. Es ist erstaunlich, wie wir nach den mörderischen Weltkriegen zueinander fanden und schliesslich auch die ideologische Spaltung zwischen Ost und West überwanden. Aber es gibt noch viel aufzuarbeiten. Die engere Anbindung der osteuropäischen Staaten an die Europäische Union und hier wieder vor allem Russlands, das sich ja immer nach dem Westen orientierte und dabei auch in geradezu tragischer Weise den vom Westen importierten Kommunismus mit allen Folgen übernahm – und dann auch noch den Kapitalismus in seiner hässlichsten Form. Es war für mich ein in seinem Symbolismus höchst bedeutendes Ereignis, als sich das neue Russland nach dem Fall des eisernen Vorhangs durch die Umbenennung von Leningrad in St. Petersburg zur europäischen Tradition bekannte.

Wir dürfen stolz auf dieses Europa sein und sollten im Unterricht das Bewusstsein um unsere historisch gewachsene Einheit pflegen. Nicht ein Verfassungspatriotismus, sondern die kritische Liebe zum Europa der Nationalstaaten sollte gepflegt werden. Autochthone kulturelle Minoritäten sollten sich frei nach dem Schweizer Vorbild der Kantone entfalten können. Solange wir die Balkan-Probleme, das Basken-Problem und das Nordirland-Problem nicht gelöst haben, können wir schlecht Vorbild sein.

---

20 Mittlerweile sind es 6 geworden!

21 Hans Hass (1981): Vorteil des Menschen: Er kann sein «Energon» verändern. In: Das neue Erfolgs- und Karrierebuch für Selbständige und Führungskräfte. Geretsried/Verlag Beste Unternehmensführung, S. 157–198.

Mit der Entwicklung der ökosozialen Marktwirtschaft waren wir im Begriff, zu einer ökosozialen Friedensregion heranzuwachsen. Wir sollten diesen Weg weiter mutig beschreiten. Das setzt aber eine gewisse Abgrenzung voraus.

Den schönen Gedanken der Verbrüderung aller Menschen, den SCHILLER in seiner «Ode an die Freude» bejubelt und der BEETHOVEN für seine «Neunte» so himmlisch inspirierte, den sollten wir in Wort und Tat pflegen und das Konzept der sozialen Friedensregionen könnte Vorbild sein. Regionen, die auf ähnliche Weise Wohlstand und inneren Frieden zwischen den Menschen und mit der Natur erreichen, könnten miteinander auch freien Handel betreiben. Aber eine Abgrenzung gegen die destruktiven Einflüsse einer von der Gier beherrschten inhumanen Globalisierung ist wohl nötig. Abgrenzung in diesem Sinne ist weder ein Akt der Aggression, noch Ausdruck rassistischer Überheblichkeit, sondern Ausdruck einer kritischen Liebe zu Europa und zu dem eigenen Volk. Es handelt sich keineswegs um Sentimentalitäten, die es zu überwinden gilt. Vielmehr trägt jedes Volk mit der Pflege seiner Kultur zur Erhaltung des kollektiven Weltkulturerbes der Menschheit bei.

BRIGITTE SAUZAY meinte dazu: «Wer keine Umgrenzung hat, weiss nicht wo er hingehört, und wer auf dieser Erde nur Freunde hat, hat überhaupt keinen, denn der Begriff Freundschaft basiert auf Vorlieben, auf Auswählen, sie kann sich nicht auf alle erstreckten, wenn sie nicht ihren Sinn verlieren soll.»[22]

22 BRIGITTE SAUZAY (1999): Retour à Berlin, Berlin, Siedler.

Zusammenfassung

1. Wir gehören einer höchst erfolgreichen Spezies an. Aber unser Erfolg stellt uns vor die Erfordernis der Neuanpassung, denn wir schufen uns mit der arbeitsteiligen Millionengesellschaft und der technischen Zivilisation eine Umwelt, für die wir stammesgeschichtlich unzureichend angepasst sind.

2. Über die längste Zeit unserer Geschichte lebten wir auf der Stufe altsteinzeitlicher Wildbeuter. Unsere Emotionalität und Denkweisen sind stammesgeschichtlich für ein Leben in familial über persönliche Bekanntheit verbundenen Kleingruppen angepasst, die sich territorial abgrenzen.

3. Kulturell sind wir in der Lage, das familiale Kleingruppenethos zu erweitern und auch in Grossverbänden friedlich zu leben, die über viele Allianzen miteinander vernetzt sind.

4. Es gibt Verhaltensdispositionen, die uns dabei dienlich sein können, und andere, die uns als Problemlagen in gewissen Situationen Schwierigkeiten bereiten.

5. Eine stammesgeschichtlich sehr alte Programmierung ist das allem Konkurrenzverhalten zugrunde liegende Dominanzstreben mit seiner Fixierung auf den Wettlauf im Jetzt. Sie behindert «nachhaltiges» Handeln im Alltag.

6. Der gegenwärtig im Rahmen der Globalisierung propagierte Wettbewerb, der zu Recht als «Raubtierkapitalismus» angeprangert wird, beruft sich auf die Natur, die kein Pardon kennt.

7. Das trifft zwar in vielen Fällen zu, aber ist keineswegs die Regel. Selbst bei Wirbeltieren, die keinerlei prosoziale Verhaltensweisen zeigen, entwickelte sich unblutiges Kräftemes-

sen in Form von Turnierkämpfen, da sich dies für jeden der Kontrahenten als vorteilhaft erweist.

8. Bei Säugern entwickelten sich ferner im Zusammenhang mit der Evolution individualisierter Brutfürsorge fürsorgliche Verhaltensweisen und Motivationen sowie die Fähigkeit, individualisierte Bindungen herzustellen, was uns neue Möglichkeiten eines auf Freundlichkeit und Liebe und Empathie begründeten, dauerhaften Zusammenlebens ermöglicht.

9. Dank unserer Wortsprache sind wir ferner in der Lage, unsere emotionell begründete Fixierung auf den Wettlauf im Jetzt zu überwinden, da wir uns Vergangenheit und Zukunft «vergegenwärtigen» können.

10. Damit wären wir auch fähig, ein nachhaltiges generationenübergreifendes Überlebensethos zu entwickeln, das das Lebensglück künftiger Generationen zum Ziel hat.

11. Mit der ökosozialen Marktwirtschaft sind wir auf einem guten Wege, uns dem Frieden mit der Natur und unter uns Menschen anzunähern, vorausgesetzt, wir bleiben offen für Fehlerkorrekturen auf dem Weg zu diesem Ziel.

12. Die diesem Bestreben im Rahmen der Globalisierung entgegenwirkenden Fehlentwicklungen in Landwirtschaft, Industrie und Handel ebenso wie die im Gefolge der Forderung einer Öffnung der Grenzen für Migranten auftauchenden Probleme wurden erörtert und ein Konzept der ökosozialen Friedensregionen erarbeitet.

Klaus Reinhardt

Erfahrungen und Perspektiven bei internationalen Einsätzen

Ich freue mich sehr, dass ich die Chance habe, Ihnen über die Erfahrungen und Perspektiven bei internationalen Einsätzen berichten zu können. Ich möchte dies gern anhand meiner eigenen Einsatzerfahrungen im Kosovo darstellen, da ich Ihnen damit den praktischen Bezug zu den besonderen Rahmenbedingungen unserer Streitkräfte bei internationalen Friedenseinsätzen besser vermitteln kann.

Der Einsatz im Kosovo gehört zu dem Aufgabenpaket, das die NATO auf dem Washingtoner Gipfel anlässlich ihres 50. Geburtstages als «Peace Support Operations» dem bis dahin vorherrschenden Auftrag der Landes- und Bündnisverteidigung gleichberechtig zur Seite gestellt hat. Dies ist ein Bereich, der für uns in der Bundeswehr noch ziemlich neu ist.

Ich erinnere mich sehr wohl an die enormen Schwierigkeiten, die wir bei unserem ersten Auslandseinsatz in Somalia zu lösen hatten. Ich war in meiner damaligen Verantwortung als Befehlshaber des Heeresführungskommandos, das wir in Koblenz speziell für diese Auslandseinsätze aufgestellt hatten, dafür zuständig, alle deutschen Auslandskontingente von Somalia über den Balkan – ich nenne als Stichworte die Implementation Force (IFOR) und Stabilization Force (SFOR) – auszubilden, für den Einsatz vorzubereiten und national auch zu führen.

Es war sicher für unsere Streitkräfte, aber auch für unsere deutsche Öffentlichkeit gut gewesen, dass wir diesen Weg in die politische Normalität der Auslandseinsätze in kleinen und eher homöopathischen Schritten gegangen sind. Heute gehören unsere Kontingente in Bosnien Herzegowina und im Kosovo voll und ohne Einschränkungen dazu. Sie haben sich und unserem Land bei unseren Freunden und Partnern durch gute Arbeit, durch hohe Zuverlässigkeit und durch ein sehr hohes Leistungsprofil breites Ansehen erworben.

Ich kann Ihnen versichern, dass unsere deutschen Soldaten mit ihren Kameraden aller anderer Nationen gut mithalten können und sich vor keiner anderer Nation zu verstecken brauchen. Wir haben dabei sehr viel lernen und neue Wege gehen müssen, aber wir haben es geschafft.

Derartige Einsätze waren der Bundeswehr nicht ins Stammbuch geschrieben worden. Unsere Aufgabenstellung hatte in ihrer ersten Phase zunächst völlig anders begonnen: Da waren zunächst die Jahre der politischen Konfrontation, des Kalten Krieges und der beruflichen Maxime, innerhalb von 48 Stunden abwehrbereit an der Innerdeutschen Grenze zu stehen. Diese 48 Stunden waren die Richtschnur unserer militärischen Ausbildung, sie prägten unser Denken und unser Leben.

Dieser Fokus begann sich mit GORBATSCHOWS Perestroika und Glasnost schrittweise zu verändern. Neue Möglichkeiten taten sich auf. Mit dem Fall der Berliner Mauer wurde 1989 der verblichene Prospekt des Kalten Krieges hochgezogen. Es öffnete sich ein völlig neuer Horizont.

Ich sehe in diesem neuen Horizont die Ernte unserer jahrzehntelangen Arbeit. Die, die unsere Feinde waren, wurden unsere Freunde und Partner. Wir arbeiten heute mit denen, gegen die unsere operative Vorstellungen früher ausgerichtet waren, eng zusammen, um gemeinsam mit ihnen den Frieden in Europa dauerhafter und stabiler zu gestalten. Heute sind wir dabei, die bisher längste Friedensperiode in der Geschichte Europas mit jedem Tag weiter fortzuschreiben.

Die Aufgabe im Kosovo, nämlich die Führung von rund 50 000 Soldaten einer multinationalen Truppen aus 39 Nationen, die praktische Umsetzung all der Überlegungen, die ich seit meiner Zeit als Kommandeur der Führungsakademie der Bundeswehr angedacht, diskutiert und in einzelnen Aspekten bereits ausprobiert hatte, war in der Tat die grösste Herausforderung in meiner Laufbahn, ein Abschluss, für den ich allen Nationen dankbar bin, die mich einstimmig in die Position des Commanders KFOR (COMKFOR) berufen haben.

Meine Aufgabe als COMKFOR vor Ort lief *de facto* in zwei Richtungen: Da war zum einen der rein militärische Führungsauftrag, für den ich gut ausgebildet und vorbereitet war. Es galt, die Truppen von KFOR, unter denen alle Religionen und alle Hautfarben vertreten waren und die die unterschiedlichsten militärischen Doktrinen repräsentierten, im Kosovo, in Mazedonien, in Albanien und Griechenland zu führen. Dies war relativ einfach, da sich die Soldaten aller Nationen mit grossem persönlichen Engagement für die Friedensaufgabe einsetzten und ihr Bestes gaben. Dies galt für die Bataillone der NATO ebenso wie für die Kontingente aller anderen Staaten, wie z.B. der Vereinigten Arabischen Emirate, Österreicher, Schweizer, Aserbeidschanis bis hin zu den neutralen skandinavischen Verbänden, die sich hervorragend geschlagen haben.

In diesem Zusammenhang ein Wort zum russischen Kontingent: Es hat sich völlig problemlos in den Gesamtrahmen unseres Auftrages eingepasst und zeichnete sich durch hoch professionelle Zusammenarbeit aus. Die russischen Fallschirmjäger waren voll integriert und stolz darauf, ihren Beitrag im Rahmen von KFOR leisten zu können. Ich hatte einen russischen Generalleutnant als Führer des russischen Kontingentes in Pristina, mit dem ich jedes aufgetretene Problem lösen konnte.

Gleich zu Beginn meiner «Tour of Duty» musste ich jedoch lernen, dass zunächst fast jede der 39 Nationen unterschiedliche Begrenzungen und Einschränkungen für ihre Soldaten im Einsatz festgelegt hatte.

So durften die Soldaten der Nation X zunächst ihre Checkpoints nicht zu nahe zur Ground Safety Zone, d.h. zur Sicherheitszone, die den KOSOVO von Serbien trennt, einrichten. Die Nation Y erlaubte zwar den Einsatz ihrer Truppen im Bereich der Stadt Mitrovica, aber nur im weniger gefährdeten südlichen albanischen Sektor, während die Nation Z von vornherein jeden Einsatz ausserhalb des ihr zugewiesenen Verantwortungsbereichs ausschloss.

Auch unsere deutsche Truppen unterlagen klaren Beschränkungen, die durch durch das Mandat des Deutschen Bundestages für diesen Auftrag und den sich daraus ergebenden «Rules of Engagement» vorgegeben waren.

Man musste daher genau die jeweiligen Restriktionen kennen und sich in einem System unterschiedlicher nationaler Koordinatenkreuze bewegen, um mit keiner der beteiligten Nationen in Konflikt zu kommen. Dies war durch engste Zusammenarbeit und vorausschauende Konsultation möglich. Etwa zur Hälfte meiner Zeit als COMKFOR war es uns endlich gelungen, fast alle ursprünglichen Restriktionen und Einsatzbeschränkungen ausserhalb des jeweils eigenen Verantwortungsbereichs abzubauen.

Viel schwieriger, aber durchaus auch lösbar war die Aufgabe, für die ich nicht speziell ausgebildet und vorbereitet worden war, nämlich die Zusammenarbeit mit den politischen Organisationen und Persönlichkeiten unterschiedlichster Herkunft und oft völlig konträrer Zielrichtungen.

Mein wichtigster Partner war natürlich UNMIK, die «United Nations Mission in Kosovo», geführt von BERNARD KOUCHNER, dem «Special Representative of the United Nations Secretary General», also dem Stellvertreter KOFI ANNANS vor Ort. BERNARD KOUCHNER seinerseits koordinierte die Aktivitäten des UNO-Flüchtlingshilfswerkes UNHCR, der Organisation für Sicherheit und Zusammenarbeit in Europa, OSZE, der Europäischen Gemeinschaft, die für den wirtschaftlichen Wiederaufbau der Provinz verantwortlich ist, und der Organisation für den Aufbau einer Administration, die der deutsche TOM KOENIGS mit grossem Erfolg leitet.

Ich erwähnte vorhin bereits, dass ich in allen anderen Auslandseinsätzen deutscher Kontingente Erfahrungen gesammelt hatte. Entscheidend für mich war daher im KOSOVO, die in diesen Bereichen gesammelte negative Erkenntnisse des Gegeneinander und des Kompetenzgewirrs zu vermeiden und engste Kooperation mit den zivilen Bereichen anzustreben. Dies ist gelungen. Selten waren die zwei Hälften eines politischen Ganzen so eng miteinander verbunden und haben sich so gut gegenseitig ergänzt.

Das galt nicht nur in der täglichen Zusammenarbeit von KFOR mit diesen Organisationen sowie mit den rund 350 Nicht-Staatlichen Hilfsorganisationen, sondern auch in meiner regelmässigen politischen Zusammenarbeit in der Vorläufigen Regierung, dem «Joint Interim Administration Council», sowie im «Kosovo Transition Council», einer Art Parlament, das die verschiedenen Gruppen, Ethnien sowie politische Parteien des KOSOVO repräsentiert. In beiden politischen Gremien war ich vertreten und die Stimme des COMKFOR hatte dort durchaus Gewicht.

Diese Zusammenarbeit beschränkte sich aber natürlich nicht nur auf meine Ebene, sondern galt in analoger Weise auch für unsere deutsch geführte Brigade in Prizren, die sich durch enge Kooperation mit den zivilen staatlichen und nicht-staatlichen Organisationen auszeichnete. Es tat gut zu sehen, mit wie viel Fingerspitzengefühl und Einfühlungsvermögen in die Besonderheiten vor Ort unsere deutschen Soldaten ihre Aufgaben angingen und zu gutem Erfolg führten. Die intensive Vorausbildung zuhause zahlte sich voll aus und brachte gute Zinsen. Gerade diese besondere Offenheit in der örtlichen Zusammenarbeit, gekoppelt mit dem Blick für das Notwendige, aber auch das Machbare, war die Basis für den guten Ruf des deutschen Kontingents und der immer wieder geäusserten Bitte der Bevölkerung allenthalben im Land, im eigenen Bereich möglichst auch deutsche Soldaten zu haben.

Daneben waren die Tage gefüllt mit unzähligen bilateralen Gesprächen, aber auch mit diversen Gesprächsrunden in den Städten vor Ort wie Orahovac, Mitrovica, Strpce u.a., um auf die Entwicklung Einfluss zu nehmen, Aktionen abzusprechen, vorzubereiten, Mehrheiten zu suchen oder – was am wichtigsten war –, um persönliches Vertrauen zu werben. Diese sehr zeitintensiven Gespräche z.B. mit RUGOVA, THACI, QUOXIA, mit BISCHOF ARTEMJE, dem Führer der serbischen Minderheit und OLIVER IVANOVIC, dem Führer der serbischen Hardliner in Mitrovica, aber auch mit vielen anderen mehr, waren wichtige Grundlagen jeder Zusammenarbeit.

Entscheidend war, Tendenzen auszuloten, tragbare Kompromisse zu finden, diese Kompromisse gegebenenfalls auch mit militärischem Druck durchzusetzen, neue Wege aus verfahrenen Grundpositionen zu finden und Gefolgschaften zu suchen.

Ergänzt wurden diese Aktivitäten im politischen Bereich durch einen an keinem Tag abreissenden Strom hoher und höchster militärischer und politischer Würdenträger aus der ganzen Welt. Wir haben insgesamt 1358 Gäste gezählt, die protokollarisch aufgenommen werden mussten. Diese politischen Gespräche waren durch die Bank positiv, da man dort ungeschminkt und sehr direkt die Lage vortragen, Hilfe aktivieren, Verständnis erzielen und politische Verbesserungen erstreiten konnte, so u.a. im Gespräch mit dem amerikanischen Präsidenten CLINTON, der sofortige finanzielle Hilfe zugesagt und auch realisiert hat.

Beide Aufgabenbereiche, der militärisch operative Führungsbereich und das politische Aktionsfeld, waren natürlich in Wirklichkeit zwei Seiten der gleichen Medaille, nämlich des Auftrages von KFOR, wie er vom Sicherheitsrat der Vereinten Nationen in der UNO Resolution 1244 festgelegt worden war.

Danach hatte KFOR fünf klar umrissene Aufgaben: Am wichtigsten war, eine Rückkehr jugoslawischer Streitkräfte und damit den Wiederausbruch offener Feindseligkeiten zu vermeiden. Dies ist mit Erfolg gelungen. Die jugoslawische Führung wusste, dass sie gegen 50 000 gut motivierte, gut ausgebildete und ständig einsatzbereite KFOR-Truppen, die zudem mit massiver Luftwaffenunterstützung operieren würden – gerade in diesem sehr schwierigen Gelände – keine Chancen hat.

Hier hatten die deutschen Truppen mit ihren schweren mechanisierten Teilen erheblichen Anteil, denn sie waren die operative Reserve von KFOR. Die technische Ausrüstung unserer Verbände und deren taktisches Verständnis für die Erfordernisse einer möglichen Verteidigung des Kosovo gegen serbische Streitkräfte waren für mich ein entscheidender Faktor meiner Operationsplanung und Rückgrat unserer militärischen Verteidigungsübungen, die wir im Kosovo regelmässig als eine für jedermann sichtbare Demonstration unseres Willens, das Kosovo im Notfall auch zu verteidigen, abhielten.

Eng verbunden mit diesem Aspekt der äusseren Sicherheit war unser zweiter Auftrag, nämlich die persönliche Sicherheit aller Kosovaren zu verbessern und damit die Voraussetzung für ein friedliches Zusammenleben der Ethnien und für den wirtschaftlich-administrativen Wiederaufbau zu schaffen. Auch dies ist KFOR weitgehend gelungen. Die ursprünglich hohe Rate der Kriminalität konnte sehr deutlich gesenkt und mitteleuropäischen Verhältnissen angepasst werden. Das Leben für die Kosovaren ist heute sicher, wenn auch die Bewegungsfreiheit der Minderheiten noch lange nicht den Erwartungen entspricht, die sich KFOR gesetzt hat. Eine bessere Bewegungsfreiheit für die Minderheiten, insbesondere für die Serben, ist ohne mehr Toleranz der albanischen Mehrheit derzeit nicht zu erzwingen.

Der dritte Auftrag war der wohl schwierigste: Die irreguläre Befreiungsarmee UCK musste demilitarisiert, d.h. in ihren organisatorischen Formen aufgelöst und in eine neue, zivile, multiethnische und unpolitische Struktur überführt werden. Hier standen wir mehrmals kurz vor dem Aus. Wir haben es aber dann wohl erstmalig in der Geschichte geschafft, eine Rebellenarmee in eine zivile und von aussen kontrollierte Organisation umzuformen und damit den früheren Kämpfern eine neue, zivile Aufgabe zu geben, die heute weitgehend angenommen wird.

Der vierte Auftrag war die enge praktische Zusammenarbeit mit UNMIK, die in der Erarbeitung einer gemeinsamen Strategie, in beiderseitigen Strategieseminaren zur Abstimmung unserer Tätigkeiten, in täglichen Besprechnungen zwischen BERNARD KOUCHNER und mir sehr praxisbezogen umgesetzt wurde. Nicht umsonst wurden wir vor Ort die »Twin Brothers» genannt, weil wir immer nur gemeinsam und mit einer Sprache auftraten.

Der fünfte und letzte Teil unseres Auftrages war, im Rahmen unserer Möglichkeiten humanitäre Hilfe zu leisten. Hier wurde durch die CIMIC-Bereiche der nationalen militärischen Kontingente – und hier zuvorderst im deutschen Sektor – Hervorragendes geleistet. Wenn trotz der Rückkehr von über 700 000 Flüchtlingen im Winter niemand erfroren oder verhungert ist, so ist dies ganz erheblich auf die praktische, aber auch die Koordinierungsarbeit von KFOR zurückzuführen, unabhängig vom Minenräumen, vom Wiederaufbau unzähliger Häuser, der Eisenbahnlinie, des Flugplatzes, von Brücken und Strassen.

Lassen Sie mich hier aber auch ganz unmissverständlich sagen: Die Arbeit der Soldaten bei der Stabilisierung der Sicherheitslage, bei der Demilitarisierung der ehemaligen UCK, vor allem aber im humanitären Bereich, war und ist vorbildlich. Der Einsatz unserer Pioniere, der sehr gezielt auf den Wiederaufbau der unzähligen zerstörten Häuser in Form von Anleitung und praktischer Hilfe bei der Selbsthilfe der Bevölkerung gerichtet ist, aber auch die Möglichkeit, mit ausreichenden finanziellen Mitteln unmittelbar helfend wirken zu können, hat sich sehr bezahlt gemacht. Ohne die enge Zusammenarbeit der Soldaten mit dem deutschen Technischen Hilfswerk hätten wir die völlig verfahrene Lage in der Stadt Orahovac nicht gelöst.

Erlauben Sie mir, aus all dem einige praktische Konsequenzen für die Vorbereitung und Durchführung eines Friedenseinsatzes wie dem im Kosovo zu ziehen.

Voraussetzung für jeden Einsatzstab ist es, fachlich sehr genau und intensiv mit den Gegebenheiten des Gastlandes vertraut zu sein, d.h. eine Schulung des Personals ist unabdingbar. Es gibt vor Ort keine Zeit zur schrittweisen Anpassung oder Eingewöhung an die neue Situation.

Wir wurden bereits am Nachmittag des ersten Tages nach der Übernahme der Verantwortung auf die Probe gestellt und konnten uns nur über Wasser halten, weil wir ein eingespielter und bestens vorbereiteter Stab waren.
Daher ist der Ansatz, für den Einsatz weitgehend auf bestehende Brigade- und Bataillonsstäbe sowie auf deren Verbände zurückzugreifen, absolut richtig und eine entscheidende Verbesserung zur vorherigen modularen Lösung.

Gleiches gilt natürlich in noch stärkerem Masse für die Truppe, die wissen muss, was auf sie zukommt und dass sie bei Friedenseinsätzen keinen Feind zu bekämpfen hat, sondern für den Wiederaufbau eines Landes und seiner Struktur alle Stufen der eskalatorischen sowie deeskalatorischen Mittel beherrschen muss.

Gegebene Befehle müssen durchgesetzt werden. Bei aller Akzeptanz nationaler Restriktionen und der Auftragstaktik darf es keinem Kommandeur vor Ort überlassen bleiben, wichtige Entscheidungen nach persönlichem Gutdünken zu treffen. So habe ich sehr kurzfristig ein Bataillon seines Auftrages entbunden, weil dessen Kommandeur nicht willens war, mit der erforderlichen Härte durchzugreifen, um eine Strassenblockade zu beseitigen. Seine Verhandlungstaktik lief ins Leere. Ein anderes Bataillon bekam den Auftrag, und zwei Stunden später lagen die Autos und Busse, die auf einer Brücke die Strassenblockade gebildet hatten, im Tal.

Ein kurzes Wort zur Durchhaltefähigkeit: Fast alle Nationen gehen mit zunächst starken Kontingenten in den Einsatz, um dann nach nur wenigen Monaten feststellen zu müssen, dass ihnen die Durchhaltefähigkeit zur Truppengestellung über längere Zeiträume fehlt. So besuchte ich nach dem Kontingentwechsel ein Bataillon, dessen ursprüngliche Stärke von 890 Mann auf 280 abgesunken war.

Andere Nationen haben ihre Kontingente ersatzlos abgezogen, um sie mit ihren Einsatzkräften in SFOR zu konsolidieren, oder sie haben wichtige Elemente wie ihre Hubschrauber oder schweren Kräfte abgezogen. Für alle diese Massnahmen gab es gute Überlegungen und nachvollziehbare Gründe. Entscheidend für mich aber war, dass diese Kräfte Löcher in mein Dispositiv rissen und ich meinen Auftrag nicht mit diesen Begründungen, sondern nur mit militärischen Kräften durchführen konnte. In diesem Bereich brauchte ich mir glücklicherweise um das deutsche Kontingent keine Sorge machen, da hier die politischen Zusagen stets eingehalten wurden. Ich war dankbar, dass die Bundeswehr, als andere Nationen Truppenteile abzogen, sich bereit erklärte, die dadurch entstandenen Lücken sogar mit zusätztlichen deutschen Kräften teilweise zu ersetzen.

Ich habe es als sehr positiv empfunden, dass die nationalen Hauptstädte nicht unmittelbar auf mich einwirkten, sondern alle Aufträge über SHAPE liefen. GENERAL CLARK hat sehr darauf geachtet, dass er die alleinige Entscheidungsbefugnis behielt.

Noch ein kurzes Wort zur Durchsetzung politischer Ziele. Alle Operationen, aber auch alle Verhandlungen fanden in einem Bereich statt, wo mindestens zwei ethnische Gruppen verfeindet gegeneinander standen. Es ist daher eine Utopie zu glauben, in essentiellen Fragen beide Seiten sofort an den Verhandlungstisch zu bekommen mit dem Ziel, wichtige Papiere gemeinsam zu unterschreiben.

Nur in vorbereitenden Einzelgesprächen kommt man voran, wobei mir oft genug deutlich wurde, dass ich meine Verhandlungspartner so sichtbar unter Druck setzen musste, dass sie das Verhandlungsergebnis quasi als »Diktat» des COMKFOR ihren Leuten »verkaufen» konnten. Gesichtswahrung ist auf dem Balkan ein ganz wichtiges Element. Abstützung auf militärische Macht und Drohungen werden als Verhandlungsmittel sehr wohl erwartet und akzeptiert, und nur auf diese Weise haben wir – wie z.B. in Orahovac –, unsere Verhandlungserfolge schrittweise einfahren können.

KFOR hat in Kosovo nicht nur für Ruhe und Ordnung gesorgt. Wir wollten unseren Beitrag zur Rückkehr zur Normalität auch dadurch unter Beweis stellen, dass wir als KFOR die ersten Konzerte in KOSOVO arrangierten, die live landesweit im Fernsehen übertragen wurden. Wir organisierten die ersten Kunstausstellungen, bei denen kosovarische Künstler und KFOR-Soldaten ihrer Werke ausstellten, ein grosser Erfolg.

Der Friedenseinsatz im Kosovo ist für alle, die dort eingesetzt sind, eine persönliche Herausforderung, die jedem viel abverlangt, die sich aber auch lohnt. Wir haben den Trend zur Gewalt weitgehend brechen können. Es ist gelungen, das Leben wieder lebenswert zu machen. Dabei ist der Einsatz militärischer Mittel nur eine der vielen Komponenten, die zu einem gemeinsamen Ziel zusammenwirken müssen, wenn man die Provinz in eine bessere Zukunft führen möchte.

Lassen Sie mich auf den Einsatz im Kosovo und die möglichen Perspektiven zurückkommen: Wichtig für eine friedliche Koexistenz der verschiedenen Ethnien ist vor allem mehr Toleranz untereinander, zu der wir erzogen, für die wir geworben und für die wir auf die Strasse gegangen sind. Noch ist viel Hass in der traumatisierten Bevölkerung, die zum friedlichen Zusammenleben vorerst nur zögerlich bereit ist. KFOR wird daher noch lange Zeit vor Ort im Friedenseinsatz bleiben müssen. Dies gilt auch für unser deutsches Kontingent. Aber es gibt hoffnungsvolle Anzeichen, so in Orahovac, wo die albanischen und serbischen Weinbauern ihre Weinberge wieder friedlich nebeneinander bestellen.

Die für Kosovo entscheidende Frage aber ist die nach dessen politischer Zukunft. Während alle Kosovo-Albaner von politischer Unabhängigkeit in einem eigenen Staat träumen, hat ihnen die Internationale Gemeinschaft nur eine «substanzielle Autonomie im Rahmen der ehemaligen Republik Jugoslawiens» zugesagt. In dieser unterschiedlichen politischen Zielrichtung liegt enormer Sprengstoff für die Stabilität des gesamten Balkan. Sie muss – insbesondere nach dem Machtwechsel im ehemaligen Jugoslawien und in Serbien – von der Europäischen Gemeinschaft aufgegriffen und in einem Gesamtkonzeption für diese Raum umgesetzt werden. Hier ist es erforderlich, endlich die politische Initiative zu ergreifen,die deutlich über den finanziellen Ansatz des «Stabilitätspakts für Südosteuropa» hinausgehen muss. Wir sehen gerade bei den Unruhen in Nord-Mazedonien sehr deutlich, dass die Frage des Kosovo nicht getrennt, sondern nur im Verbund mit allen Nachbarländern gelöst werden kann.

In diesem Zusammenhang ist im Kosovo vor allem der wirtschaftliche Wiederaufbau entscheidend. Bei der hohen Arbeitslosigkeit – in Mitrovica 85% – wird die Bevölkerung Kosovos nur dann an eine langfristige Verbesserung ihrer Lage und an die Hilfe durch die Internationale Gemeinschaft glauben, wenn sie wieder Arbeit findet, wenn die jungen Menschen Familien gründen und im Land bleiben können.Die Mittel dazu sind vorhanden, sie müssen jetzt nur endlich schnell in sichtbare Programme, in sichtbare Hilfe umgesetzt werden.

Ich bin überzeugt, dass auch die multinationalen Streitkräfte von KFOR dazu weiterhin benötigt und ihren stabilisierenden Friedensbeitrag – wenn auch in deutlich verminderten Umfangszahlen – leisten werden.

Elmar Helten

Risikobewältigung durch die Assekuranz und ihre Grenzen

Einleitung: Vorbemerkungen und einige Annahmen

Der Einladung des Schweizerischen Instituts für Auslandforschung unter der Leitung von Herrn Professor RULOFF bin ich aus verschiedenen Gründen gerne gefolgt: Einmal ist Zürich einer der grossen Versicherungsplätze der Welt, und entsprechend fachkundig ist das Forum, vor dem ich hier sprechen darf. Vieles muss man hier nur andeuten, um gleich verstanden zu werden. Zudem erwarte ich ebenso sachkundige wie pointierte Gegenmeinungen, und dies verhindert, dass die Diskussion – wie so häufig in unserem Lieblingsmedium, dem Fernsehen – zum «Smalltalk» verflacht. Ich erhoffe mir insofern aus unserer Begegnung neue Details, bedenkenswerte Aspekte, möglicher- und wünschenswerterweise auch neue Erkenntnisse.

Verlockt hat mich das Thema «Risikobewältigung durch die Assekuranz und deren Grenzen» auch aus einem zweiten Grund: Es gibt mir Gelegenheit, den Fundus, vielleicht sogar das *Consommé,* aus meiner professoralen Beschäftigung mit den versicherungswissenschaftlichen, versicherungsmathematischen und betriebswirtschaftlichen Themen einzubringen, um die sich aktuell stellenden Versicherungsprobleme aus einer generellen Sicht zu analysieren und zu bewerten. Das könnte dann auch ein Ziel befördern, das mir am Herzen liegt: Das relativ schlechte Image der Versicherungswirtschaft zu verbessern, bin ich doch davon überzeugt, dass ein besseres Verständnis eines Sachverhalts gleichzeitig zu einer gerechteren Bewertung desselben führt.

Ein dritter Beweggrund ist der Tatbestand, dass die Assekuranz sowohl durch Gross- und Grösstschäden, als auch durch den unerwartet starken Niedergang des Aktienmarktes und das simultane niedrige Zinsniveau in erhebliche wirtschaftliche Schwierigkeiten geraten ist. Verlustmeldungen häufen sich, dazu kommt, dass viele Unternehmensleiter eine solche Crash-Situation nie erlebt haben und folglich keine Übung in der Krisenbewältigung haben. Insgesamt ist diese Situation jedoch kein Beleg dafür, dass die Branche ihr Geschäft nicht versteht. Es gibt auch viele Versicherungsunternehmen, grosse wie kleine, die in der jetzigen Krisensituation «gut aufgestellt» sind, wie man in der Sprache der Manager sagt.

Bei einem Generalthema, wie es «Preis der Freiheit – Grenzen der Sicherheit» nun einmal ist, dürfen Sie aber wohl mehr erwarten, als dass nur über die Bedeutung der Versicherungswirtschaft bei der Risikobewältigung geredet wird. Es sollten auch Bezüge dazu aufgezeigt werden, wie «Versicherung» in unserem demokratischen Staatswesen überhaupt einzuordnen ist.

Ich hege ein wenig Zweifel, ob mir das gelingen kann. Um aber Ihre Erwartungshaltung bei einem solchen Anspruchsniveau möglichst flach zu halten, will ich auf ein Gleichnis rekurrieren, das ich in einem Philosophiebüchlein von JOHN ALLAN PAULOS erzählt fand.

Dort wird ein Rabbi von einem ihn bewundernden Schüler gefragt: «Wieso haben Sie immer ein passendes Gleichnis für jedes Thema parat?» Worauf ihm der Rabbi wiederum mit einem Gleichnis antwortet. In diesem Gleichnis geht es um die augenscheinlich erstaunliche Treffsicherheit eines Dorfschützen, der an seiner Scheune 100 Kreidekreise angebracht hatte, die in der Mitte alle einen Einschuss haben. Das Geheimnis dieser unheimlichen Treffsicherheit lüftet der Rabbi nun aber folgendermassen: «Wissen Sie, der Schepsel – so heisst der Dorfschütze – schiesst zuerst, und hinterher zeichnet er den Kreidekreis». So ist es auch mit mir. Ich suche nicht nach einem Gleichnis, das zum Thema passt. Ich rede nur über Themen, für die ich ein Gleichnis habe».

Ich bin nun nicht in der komfortablen Situation des Rabbi, der nur über Themen redet, für die es ein Gleichnis gibt. Aber ich finde die Geschichte trickreich genug, um aus ihr zu lernen: Man schiesse zuerst und schiebe dann die Zielscheibe so nach, dass die Aussage treffsicher erscheint.

Aber seien Sie unbesorgt: Selbstverständlich werde ich mich im Sinne der *political correctness* an den Codex der *Corporate Governance* bzw. *Science Governance* halten und Ihnen sagen, auf welchen Annahmen und Hypothesen, empirischen Untersuchungen und nachprüfbaren Tests meine Aussagen beruhen und was aus fremden Federn und was aus eigener Forschung stammt.

Ich gehe im Folgenden davon aus, dass die privaten Haushalte und Unternehmen final orientiert sind, d.h. dass sie ein Zielsystem haben. Man legt einen Zielwert für jede Zielvariable fest, heute würde man sagen eine *Benchmark,* die in einem bestimmten Planungszeitraum erreicht werden soll. Risiko umschreibt die Möglichkeit, diesen Zielwert zu verfehlen. Wir legen für den Risikobegriff fest, dass nur die möglichen Zielverfehlungen, die sogenannten negativen Zielabweichungen, in den Risikobegriff eingehen. Risiko ist dann das Informationsdefizit über mögliche negative Zielabweichungen. In der Versicherungswirtschaft sagt man zu diesen negativen Ereignissen «Schäden», in der Fertigung «Ausschuss», in der Pädagogik «Fehler», in der Theologie «Sünde». Jeder Lebensbereich kennt seine spezifischen negativen Zielabweichungsmöglichkeiten.

Ich gehe ferner davon aus, dass die Gesetzmässigkeiten dieser Welt hybrid sind, d.h. aus deterministischen und stochastischen Gesetzmässigkeiten zusammengesetzt sind. Zielabweichungen können folglich auf *bekannte* Ursachen zurückgeführt werden, die dann z.B. als Tarifvariable in Versicherungstarifen benutzt werden, wie in der Lebensversicherung: Alter, Geschlecht, Rauchgewohnheiten. Oder sie können mit noch *unbekannten* Ursachen erklärt werden, die als Restgrössen bezeichnet und als Zufallsvariable modelliert werden. Die Wissenschaften sind bemüht, möglichst viele kausale Erklärungen zu finden, damit man zielkonform in Ursachensysteme eingreifen und erfolgreich tätig sein kann.

Grenzen der Risikobewältigung durch die Assekuranz

Kommen wir nun nach diesen Vorbemerkungen zur Sache, d.h. zu sieben Thesen, über die eingeschränkte Risikobewältigung durch die Assekuranz. Sie geben gleichzeitig Hinweise, wie Risikodeckung durch die Assekuranz überhaupt funktioniert.

These 1: Versicherung ist ein spezielles wirkungsbezogenes risikopolitisches Mittel.
Begründung: Risikopolitik (Risikomanagement) dient dazu, Risiken zu reduzieren, am besten ganz auszuschalten. Man unterscheidet ursachen- und wirkungsbezogene risikopolitische Mittel. Ursachenbezogene Mittel, z.B. Schadenverhütungsmassnahmen, greifen in den Schadenursachenkomplex ein und vermeiden oder vermindern den technischen oder wirtschaftlichen Schaden. Wirkungsbezogene Mittel reduzieren nicht die Zahl der Zielabweichungen, sondern wirkungsbezogene Mittel werden eingesetzt, um die Zielabweichungshöhe zu reduzieren.

Versicherung reduziert jedoch weder die Zahl noch die Höhe der Zielabweichungen. Vielmehr setzt Versicherung erst nach dem Schadenfall ein und zwar durch die Bereitstellung finanzieller Mittel zur Restitution des entstandenen Schadens, natürlich in den Grenzen des rechtlich fixierten Versicherungsvertrags.

These 2: Versicherung ist eine Finanzdienstleistung. Das heisst, die Risikobewältigung durch die Assekuranz erfolgt nur beschränkt, und zwar auf der finanziellen Ebene.
Begründung: Wer tröstest die trauernden Hinterbliebenen einer auf den Todesfall versicherten Person? Sicherlich nicht die Vorstände der Versicherungsgesellschaft, bei der der Verstorbene versichert war, oder der Bezirksdirektor, bei dem der Verstorbene den Versicherungsvertrag abgeschlossen hat. Nein, trauern müssen die Verwandten selbst. Die Versicherung leistet «nur» die von dem Verstorbenen abgeschlossene Versicherungssumme, um die finanziellen Verpflichtungen des Verstorbenen abzugelten oder allgemein ausgedrückt, die definierten Sparziele des Verstorbenen, die nicht mehr erreicht werden konnten, werden durch die Versicherung erfüllt.

Entsprechend ist es in der Krankenversicherung. Den Aufwand, der für eine Heilung notwendig ist, finanziert die Krankenversicherung. Man muss aber erst krank werden, um Krankheitskosten ersetzt zu bekommen. Das bedeutet, das Krankheitsrisiko trägt jeder Mensch selbst, lediglich das Krankheitskostenrisiko kann auf die Krankenversicherung transferiert werden.

Ebenso verhält es sich in der Schadenversicherung. Die finanziellen Mittel, die die Versicherungsunternehmen zur Verfügung stellen, dienen der Restitution des sogenannten «versicherten Bereichs», das sind je nach Versicherungsart also die versicherten Personen, Sachen, Vermögen oder Interessen, in den Zustand «ante», d.h. vor dem Schadenfall. Versicherungen sind also naturgemäss restaurativ. Daraus resultiert vielleicht auch das konservative Verhalten der Versicherungsunternehmen, das sich im Laufe der Zeit häufig auch auf die Mitarbeiter der Versicherungswirtschaft überträgt.

These 3: Die Assekuranz versichert nur genau die Schäden, die sich in einem abgegrenzten, im Versicherungsvertrag festgelegten Ausschnitt der Realität ereignen.

Begründung: Da Versicherungsunternehmen aus bestimmten Schadensfällen der Vergangenheit auf mögliche gleichartige Schadensfälle in der Zukunft schliessen, müssen sie mit allen Mitteln die Gültigkeit der Zeitstabilitätshypothese, die Voraussetzung einer statistisch fundierten Tarifkalkulation ist, fixieren. Dazu legen die Versicherungsunternehmen in den Versicherungsverträgen durch die Begriffe «versicherte Gefahren», «versicherter Bereich» und «versicherte Schäden» ein sogenanntes versicherungstechnisches Zufallsexperiment fest. Das ist ein fixierter Ausschnitt einer als stationär angenommenen Wirklichkeit. Die Realisationen eines so definierten Zufallexperiments sind die Versicherungsfälle; und nur bei diesen werden die Versicherungsleistungen fällig. Kommt ein Schadenfall in anderer als im Versicherungsvertrag vereinbarten Weise zustande, so ist er kein Versicherungsfall. Es wird auch keine Entschädigung gezahlt. Terrorismus oder Überschwemmungen z.B. können in einer Versicherungspolice als «versicherte Gefahr» eingeschlossen sein oder nicht. Entsprechend hat das Versicherungsunternehmen im Schadenfall die vereinbarte Versicherungsleistung zu erbringen oder nicht. Der Versicherungsnehmer hat in vielen Fällen Probleme mit diesem «Flickerlteppich» der versicherten Schäden. Er möchte möglichst rundum versichert sein.

These 4: Die Versicherungswirtschaft ist risikoavers gegenüber dem sogenannten Änderungsrisiko. Sie versichert möglichst nur das Zufallsrisiko.

Begründung: Jede Prognose der Veränderungen von Schadenursachensystemen ist schwierig. Deshalb versucht die Versicherungswirtschaft durch Festlegungen in Versicherungsverträgen möglichst stationäre Schadenursachen zu fixieren. Es wird zur Obliegenheit (Verpflichtung) des Versicherungsnehmers erklärt,

Änderungen der Schadenursachen und vor allem des versicherten Bereichs bekannt zu geben.

Warum sind die Versicherungsunternehmen so änderungsavers? Die Versicherungsmathematik bzw. die statistische Basis der Prämienkalkulation setzt in der Regel voraus, dass die Schadenereignisse aus unabhängigen Wiederholungen des selben versicherungstechnischen Zufallsexperiments resultieren. Nur unter diesen Bedingungen können die klassischen, Stationarität voraussetzenden, statistischen Schätz- und Testmethoden benutzt werden.

Aber auch die Akzeptanz der Versicherungsprämien durch die Versicherungsnehmer ist notwendig. Der Ausgleich der Schäden im Kollektiv und in der Zeit, auf dem die Tarifierung beruht, muss gegenüber den nicht von einem Schadenfall Betroffenen jederzeit begründet und gerechtfertigt werden können. Es gilt der Grundsatz: Alle Versicherungsnehmer, die dieselbe Schadenwahrscheinlichkeit haben, sollen auch dieselbe Prämie zahlen.

These 5: Die Assekuranz ersetzt Schäden nur bis zu einer vereinbarten Schadenhöhe. Unbegrenzte Deckungen (Illimité-Versicherungen) werden insbesondere von den Rückversicherungsunternehmen nicht mehr akzeptiert.
Begründung: Da Versicherungsprämien berechenbar und vom Versicherungsnehmer bezahlbar sein sollen, und da der Kapitalmarkt nicht unbeschränkt Eigenkapital zur Sicherung von Versicherungsunternehmen zur Verfügung stellt, muss der grösstmögliche Entschädigungsfall fixiert werden. Obwohl die Mathematiker in den letzten Jahren grosse Fortschritte bei der Berechnung von Gross- und Höchstschäden gemacht haben, nutzt diese Fähigkeit nichts, wenn die Prämien so hoch werden, dass die Versicherungsnehmer weder bereit noch in der Lage sind, die risikoadäquaten Prämien für solche Grösstschäden zu zahlen. Dann bleibt möglicherweise nur eine Entschädigung durch den Staat, d.h.

durch das grösste Kollektiv eines Landes, die Gemeinschaft der Steuerzahler, übrig.

Bewährt hat sich die Risikoteilung von Grossrisiken durch mehrere Risikoträger nach dem Spruch: «Geteiltes Leid ist halbes Leid». In der Rückversicherung und Retrozession («Weiterrückversicherung») spricht man von «Layerung» der Gesamthaftung. Bei einer solchen Risikoteilung von Grossrisiken nutzt man die räumlich und zeitlich diversifizierten Eigenkapitalreserven der global verteilten Versicherungsunternehmen und Kapitalmarktpartner.

Meistens beteiligt sich der Versicherungsnehmer auch in einem kleinen Ausmass an den Schäden und trägt Kleinschäden selbst (Selbstbeteiligung). Schadenhöhen, die den Selbstbehalt des Erstversicherungsunternehmens nicht überschreiten, zahlt der Erstversicherer, darüber hinaus bis zur Versicherungssumme bzw. Haftungsgrenze der oder die Rückversicherer bzw. Retrozessionäre. Ist der Schaden noch grösser, und ist keine Deckung für hohe Schadensummen auf dem Versicherungsmarkt oder auf dem Markt für alternative Risiko-Transfer-Produkte (ART-Produkte) zu erhalten, so muss der Versicherungsnehmer diesen Überschaden selbst finanzieren.

These 6: Jedes Versicherungsunternehmen kann nur eine begrenzte Sicherheit bieten. Die Versicherungsnehmer müssen eine kleine Ruinwahrscheinlichkeit des Versicherungsunternehmens akzeptieren.
Begründung: Die finanzielle Sicherheit der Versicherungsunternehmen wird durch die vorausgezahlten Prämien, die thesaurierten Risikoreserven und das Eigenkapital fundiert. Doch diese Geldmengen – mögen sie noch so gross sein – sind endlich. Man kann auch nicht beliebig hohe Schadenreserven ansammeln, weil der Fiskus nur realistische Schadenreserven akzeptiert. Gewinnreserven sind teuer, weil die Gewinne vorab versteuert werden

müssen. Im übrigen pocht natürlich der Aktionär auch auf eine angemessene Dividende. Insofern sind dem Ausgleich in der Zeit mittels Thesaurierung von versicherungstechnischen Gewinnen Grenzen gesetzt.

Als weiteres Argument muss man berücksichtigen, dass eine hohe Sicherheitsreservebildung in der Prämie einkalkuliert und vom Versicherungsnehmer bezahlt werden muss. Je höher man die Anforderung an die Sicherheit (Solvenz) der Versicherungsunternehmen schraubt, desto geringer wird die Kapazität, die Risikoübernahmemenge. Mit einer solchen Sicherheitsstrategie würde das Marktwachstum der Versicherungswirtschaft stark eingeengt.

These 7: Die Sicherheit der Versicherungsunternehmen ist auch wegen des zwangsläufig eingegangenen Kapitalanlagerisikos verwundbar.
Begründung: Versicherungsunternehmen sind Kapitalsammelstellen nicht nur wegen des Sparanteils in der Lebensversicherung und der zu Beginn einer Versicherungsperiode fälligen Prämien, sondern auch weil Versicherungsunternehmen finanzielle Sicherheit durch finanzielle Reservebildung erzeugen. Diese angesammelten Kapitalmengen werden nicht einfach in der Kasse liegengelassen, sondern am Kapitalmarkt angelegt. Die Versicherungsbetriebslehre spricht in diesem Zusammenhang von Kuppelproduktion. Das erste Produkt ist der Versicherungsschutz und das zweite Produkt die aus dem ersten resultierende Kapitalanlage. Dadurch ergibt sich neben dem versicherungstechnischen Risiko ein zweites Risiko, das Kapitalanlagerisiko.

Die augenblickliche Situation vieler, nicht nur deutscher und schweizerischer Versicherungsunternehmen verdeutlicht, dass das Kapitalanlagerisiko wegen der jetzt sichtbar gewordenen Kumulgefahren aus dem Aktien- und Rentenmarkt sowie den sinkenden Werten von Beteiligungen ein grösseres Existenzrisiko für Versicherungsunternehmen darstellen kann als das versicherungstechnische Risiko.

Genuine oder reduzierbare Beschränkungen der Risikobewältigung

Diese sieben Beschränkungen der Risikobewältigung durch die Assekuranz sind teilweise genuin, teilweise reduzierbar. Schauen wir uns im einzelnen nochmals die Beschränkungen an.

Beschränkung 1: Dass Versicherung nur ein wirkungsbezogenes risikopolitisches Mittel ist, ist genuin und insofern nicht änderbar. Wenn die Mittel der Schadenverhütung versagen, zu aufwendig sind oder wenn noch keine Schadenverhütungsmittel existieren, bleibt eben nichts anderes übrig als Vorsorge für den möglichen Schadenfall zu treffen, um den potenziellen Schaden in seiner Höhe zu reduzieren und Finanzmittel bereit zu stellen, um damit den eingetretenen Schaden zu restituieren.

Die Erfahrungen der Assekuranz bei der Schadenursachenanalyse könnten meines Erachtens noch stärker genutzt werden, um die risikopolitischen Mittel der Schadenverhütung zu verbessern. Schadenverhütungsberatung der Assekuranz – auch unter dem Substitutionsaspekt für das *Risk-Based-Capital* nach Basel II – könnte in stärkerem Masse ein zweites Dienstleistungsprodukt der Assekuranz werden. Schadenverhütungsmassnahmen statt hoher Risikokapitalkosten ist die Kurzform dieses Vorschlags für die gewerbliche, insbesondere mittelständische Wirtschaft.

Beschränkung 2: Dass Versicherungsschutz nur eine Finanzdienstleistung ist, ist nicht genuin und ist deshalb grundsätzlich änderbar. Naturalersatz hat es schon in der Glasversicherung gegeben. Problemlösungen für die Schadenregulierung bieten in neuerer Zeit die Assistance-Versicherer an. Vermehrt kümmern sich auch die Schadensversicherer um kostengünstige Schadenregulierung. Die Assekuranz kämpft auf diesem Feld allerdings gegen Vorurteile der Verbraucher, der Verbraucherverbände und der Reparaturwerkstätten im weitesten Sinn. Sie alle befürchten die geballte Macht der Versicherer bei den Preisverhandlungen mit den Betrieben, die die Restitutionsleistungen erbringen, und eine Qualitätsminderung der Schadenregulierung.

Die Versicherungsnehmer haben offensichtlich noch nicht den Kostendegressionseffekt der kollektiven Form der Schadenregulierung erkannt. Sie möchten weiterhin Auftraggeber der Schadenregulierung sein, deren Kosten letztendlich aus den Prämien des versicherten Kollektivs gezahlt werden, nicht allein von ihnen. Diese «Umwegfinanzierung» der Schadenkosten des geschädigten Individuums durch die Prämien des Kollektivs ist generell preistreibend. Dies ist ein Nachteil des «Ausgleich im Kollektiv-Effekts» der Prämienkalkulation. Er sollte durch die vorgeschlagene kollektive Schadenregulierung des Versicherers beseitigt werden. Die Schadenversicherungsunternehmen würden dann nicht nur in der Prämienhöhe im Wettbewerb stehen, sondern sich auch in der Qualität der Schadenregulierung unterscheiden.

Beschränkung 3: In der These 3 wurde darauf hingewiesen, dass sich der Versicherungsschutz auf genau definierte Ausschnitte der Realität bezieht. Diese Beschränkung ist grundsätzlich aufhebbar durch modulare Versicherungsprodukte oder durch so genannte *All-Risk*-Deckungen, allerdings solche *All-Risk*-Deckungen, die möglichst wenige Ausschlussklauseln enthalten. Diese Produkte sind natürlich nicht billig, u.a. weil sie den Nachteil haben, das subjektive Risiko zu begünstigen. In diesem Zusammenhang muss daran erinnert werden, dass es riskante Freizeitbeschäftigungen gibt, deren mögliche negative Folgen nicht auf die Mitglieder einer Versichertengemeinschaft überwälzt werden sollten, die selbst den Reiz eines solchen Risikos nicht verspüren oder diesen Kick bewusst meiden.

Beschränkung 4: Die Festlegung auf ein stationäres versicherungstechnisches Zufallsexperiment und die Fixierung seiner Komponenten, also die Stationarität der Bedingungen, ist bei Anwendung dynamischer risikotheoretischer Modelle teilweise auflösbar. Allerdings gehen auch dynamische risikotheoretische Modelle davon aus, dass die Art der Änderung der Komponenten des versicherungstechnischen Zufallsexperiments bekannt oder abschätzbar sein muss. Ganz ohne eine wenigstens subjektive Vermutung über die Änderung des versicherungstechnischen Zufallsexperiments kann keine Prämienanpassung berechnet oder die Veränderungssätze von Anpassungsklauseln festgelegt werden.

Beschränkung 5: In der Begründung der These 5 wurde deutlich, dass eine Obergrenze der zu versichernden negativen Zielabweichung fixiert werden muss. Aber es ist in der Verhandlung durchaus offen, wie weit diese Grenze nach oben verschiebbar ist und wo sie schlussendlich gezogen wird. Die Assekuranz hat im Laufe der Jahrzehnte viele Instrumente entwickelt, um Deckungen für Grösstrisiken zustande zu bringen. Mitversicherung, Rückversicherung, *Captives, Pools,* alternative Risikotransfer-(ART-)produkte und neuerdings in Deutschland auch die Beteiligung des Staates an den Terrorrisiken in Höhe von 10 Mrd. Euro nach einer Deckungszusage der Assekuranz von 3 Mrd. Euro sind Deckungskonzepte für Grossrisiken.

Beschränkung 6: Nicht reduzierbar sind die Beschränkungen der These 6, in der behauptet wurde, dass Versicherungsunternehmen nicht absolut sicher sein können und man eine gewisse Ruinwahrscheinlichkeit als Restrisiko, wie bei jedem Geschäft mit dem Risiko, in Kauf nehmen muss. Denn so lange wir noch in einer nicht vollständig bestimmten und entsprechend nicht vorhersehbaren Welt leben – und solange wir freie Entscheidungen der Menschen unterstellen, wird es auch potenzielle Zielabweichungen geben. Es kann bei der Unterstellung einer fundamentalen

Ungewissheit letztlich nur qualitative oder graduelle Verbesserungen der Sicherheit geben: Wenn man z.B. mehr Wert auf Schadenverhütung legt.

Die Globalisierung der Wirtschaft ist ein hinreichend bekanntes Beispiel dafür, wie zwiespältig neue Errungenschaften sind. Denn die Sicherheit von Versicherungsunternehmen wird durch die Globalisierung konterkariert. Die Versicherungswirtschaft hat früher durch regionale Diversifizierung – man denke nur an die internationale Rückversicherung – die Sicherheit der Versicherungsunternehmen erhöht. Das ist heute durch die globale Verflechtung der Volkswirtschaften kaum mehr möglich. An diesem Beispiel wird deutlich, dass mögliche Wohlfahrtssteigerungen durch mögliche Minderungen der Effekte risikopolitischer Instrumente erkauft werden müssen.

Beschränkung 7: Ähnlich verhält es sich mit der These 7. Die Kuppelproduktion der Versicherungswirtschaft, die zu einem versicherungstechnischen Risiko und einem Kapitalanlagerisiko führt, ist genuin und die Sicherheitsbeschränkung bzw. die Ungewissheitserhöhung der Versicherungsunternehmen durch das Kapitalanlagerisiko ist grundsätzlich nicht reduzierbar. Die einzige Möglichkeit zur Verbesserung der Sicherheit des Versicherungsunternehmens besteht darin, das nicht mehr zu verteilende Restrisiko der Kapitalanlage mit Eigenkapital abzusichern, im Sinne des *Risk-Based-Capital*-Ansatzes. Dies war aber bisher in der europäischen Versicherungswirtschaft im Allgemeinen nicht üblich, denn die jetzigen europäischen Solvabilitätsvorschriften sichern nur das versicherungstechnische Risiko durch Eigenkapital ab. Nach dem deutschen Versicherungsaufsichtsgesetz wird das Kapitalanlagerisiko nur durch die Generalklausel: «Möglichst grosse Sicherheit und Rentabilität bei jederzeitiger Liquidität unter Wahrung angemessener Mischung und Streuung» der Kapitalanlagen» sowie durch Beschränkung oder Verbote bestimmter Finanzgeschäfte eingeschränkt. Ein Eigenkapitalerfordernis für das Kapitalanlagerisiko besteht nicht.

Es ist allerdings nach den Äusserungen des neuen Präsidenten des Deutschen Bundesamtes für Finanzdienstleistungsaufsicht zu erwarten, dass die in der Europäischen Union noch zu entwickelnde *Solvency II*-Richtlinie für Versicherungsunternehmen wohl den Bankenaufsichtsregeln nach Basel II entsprechen wird. D.h. Grundlage wird der *Risk-Based-Capital*-Ansatz sein, der, vereinfacht, sagt: «Je mehr Risiko, je mehr Eigenkapitalunterlegung». Man sollte meines Erachtens nicht vergessen, dass dieser Grundsatz durch die notwendige Kapitalanlage des Eigenkapitals zu einer Erhöhung des Kapitalanlagerisikos führt. Daraus resultiert letztendlich ein *circulus vitiosus:* «Mehr Risiko, mehr Eigenkapital, mehr angelegtes Eigenkapital, mehr Risiko».

Zusammenfassung:

Das Wort Versicherung suggeriert mehr Sicherheit, als durch Versicherung je möglich ist. Durch Versicherung, so scheint es, werden wir sicherer. Wer sagt, dass er «gut versichert» ist, fühlt sich erheblich sicherer als er jedoch in Wirklichkeit ist. Denn tritt nach Versicherungsabschluss ein Schaden ein, kommt es zur kognitiven Dissonanz, d.h. man fühlte sich sicher durch die Versicherung und ist nun doch von einem Schaden getroffen. Man ist verstört und verärgert.

Auch werden die Versicherungsnehmer oft «übermütig» oder «leichtsinnig», sobald sie versichert sind. Dann tritt der so genannte *Moral Hazard* ein. Das ist die Erhöhung der Risikobereitschaft der Versicherungsnehmer nach Versicherungsnahme, die zu Lasten des Versicherungsunternehmens bzw. der anderen Versicherungsnehmer geht.

Rational gesehen ist das Wort Versicherung ein Euphemismus. Die Beschönigung des unschönen Zustands der Unsicherheit, die der Preis unserer Freiheit zu sein scheint. Denn die Ursache-Wirkungszusammenhänge, eine Mischung aus deterministischen und stochastischen (Zufalls-) Gesetzmässigkeiten, die zu einer Realisation des Risikos, zum Schaden, führen, werden durch Versicherung ja nicht ausser Kraft gesetzt. Versicherung hält das unerwünschte Ereignis, den Schaden, nicht auf.

Die Grenze der Risikobewältigung ist damit markiert: Die Verwundbarkeit der menschlichen Existenz wird durch Versicherung nicht beseitigt. Lediglich die ökonomischen Nachteile, die der Geschädigte erleidet, werden durch die Entschädigung des Schadens erträglich gestaltet.

Diesen Schadenausgleich immer wieder für neue und grössere Risiken zu organisieren, ist die bemerkenswerte gesellschaftliche Leistung der Assekuranz: Versicherung schützt zwar nicht vor den Wechselfällen des täglichen Lebens, wohl aber trägt sie dazu bei, unsere wirtschaftliche Existenz abzusichern. Sie macht die Finanzpläne der privaten Haushalte und Unternehmen sicherer. Damit trägt die Versicherung zur Ordnung und Stabilität der privaten und letztlich auch der öffentlichen Haushalte bei. Sie ist eine Form der freiwilligen Solidarität, die der wirtschaftlichen Existenz Stabilität verleiht, und die damit dem einzelnen mehr Freiheit zur Selbstverwirklichung gibt.

Höhere Selbstverwirklichung bedeutet stets erhöhtes Risiko. Und für die fatalen Folgen der die Menschheit von jeher faszinierenden Grenzüberschreitung hat sich die Menschheit – trickreich wie sie ist – etwas Beruhigendes ausgedacht: Die Versicherung.

Literaturverzeichnis

ALBRECHT, P., Die Versicherungsproduktion – eine Kuppelproduktion bei Risiko, in: *Zeitschrift für Betriebswirtschaft* 1987, S. 316–328.

EMBRECHTS, P., KLÜPPELBERG, C., MIKOSCH, TH., Modelling Extremal Events for Insurance and Finance, Berlin et al. 1997.

HELTEN, E., Versicherung – Solidarhilfe oder Glücksspiel? Gedanken zum Selbstverständnis und Ansehen der Versicherung, in: HENN, R., SCHICKINGER, W.F. (Hrsg.), Staat, Wirtschaft, Assekuranz und Wissenschaft. Festschrift für Robert Schwebler, Karlsruhe 1986, S. 233–238.

HELTEN, E., Wertewandel und fortschreitende Individualisierung der Prämien – Ende der Versichertensolidarität und des Ausgleichs im Kollektiv?, in: SCHWEBLER, R. (Hrsg.), Dieter Farny und die Versicherungswissenschaft, Karlsruhe 1994, S. 195–201.

HELTEN, E., Ist Risiko ein Konstrukt? Zur Quantifizierung des Risikobegriffs, in: HESBERG, D. ET AL. (Hrsg.): Risiko, Versicherung, Markt: Festschrift für Walter Karten, Karlsruhe 1994, S. 19–25

PAULOS, J.A., Ich lache, also bin ich. Frankfurt 1988.

ZWEIFEL, P., EISEN, R., Versicherungsökonomie,2. Aufl., Berlin 2002.

ROLF M. ZINKERNAGEL

WIE SICHER/FREI IST FREIE/SICHERE FORSCHUNG?

Einleitung

Der Titel meiner folgenden Ausführungen scheint auf den ersten Blick komplex, ja gar widersprüchlich zu sein. Alle Permutationen der Fragestellung sind relevant: Wie sicher ist freie Forschung? Wie frei ist sichere Forschung? Wie «frei» ist freie Forschung wirklich? Und wie «sicher» kann sichere Forschung überhaupt sein? Die auf den ersten Blick komplizierte Formulierung der Thematik ist aber notwendig, um der hohen Komplexität des Gegenstandes gerecht zu werden. Ich möchte meine Ausführungen anhand folgender 8 Thesen strukturieren:

1. Das grösste Problem der Erde ist der Mensch.
2. Sicheres Wissen ist selten.
3. Biologische Vorgänge sind nie 100%ig genau.
4. Es gibt echte und imaginäre Risiken in der Forschung.
5. Sicherheit in der Natur ruht in ihrer Komplexität.
6. Freie Forschung bringt grundlegende Erkenntnisse und braucht langfristige Investitionen. Dirigierte/angewandte Forschung ist nötig für Entwicklung und braucht kurzfristige Investitionen.
7. Der Mensch sucht den Fortschritt: Das Individuum sucht Lust, die Gemeinschaft will Sicherheit.
8. Nur was wir wissen, können wir anwenden. Beschränkung müssen durch Regeln erfolgen und nicht durch Glaubensbekenntnisse. Der Mensch ist gespalten zwischen Wunschvorstellungen und eigenem Handeln.

Am Schluss meiner Ausführungen werde ich Auswege aus dem bestehenden Forschungs-Sicherheits-Dilemma skizzieren. Lassen Sie mich aber zuvor mit der ersten These beginnen.

1 Der Mensch als grösstes Problem für die Erde

In populärwissenschaftlichen Publikationen und den übrigen Medien ist in jüngster Zeit immer wieder die Rede von den grossen Problemen und den damit einhergehenden Gefahren der Gentechnologie, der Forschung an Stammzellen usw. Sind dies jedoch wirklich die Probleme, welche die Menschheit und die Erde gefährden? Würde eine Rangliste jener Probleme aufgestellt werden, welche die Erde und auch den Fortbestand der Menschheit am ernsthaftesten in Frage stellen, müssten die vorher genannten «Probleme» der Gentechnologie ziemlich weit hinten rangieren.

Meiner Meinung nach ist der Mensch in *dreierlei Hinsicht* eine «Gefahr» für sich selber und die Erde. *Erstens* gefährden wir uns und unseren Lebensraum selbst, und zwar durch unsere blosse Präsenz, genauer durch *Überbevölkerung*. In den 1960er-Jahren wurde die Schwelle von drei Milliarden Menschen auf dieser Welt überschritten; bis zur Jahrtausendwende hatte sich die Weltbevölkerung aber erneut verdoppelt. Mittlerweile bevölkern mehr als 6,3 Milliarden Menschen die Erde. Die hohe Wachstumsrate der Weltbevölkerung hat sich seit den 1980er-Jahren zwar merklich abgeschwächt. Beunruhigend ist aber wohl die Tatsache, dass lediglich sechs Staaten (Indien, China, Pakistan, Nigeria, Bangladesch und Indonesien) für mehr als die Hälfte des laufenden Wachstums der Menschheit verantwortlich sind, während in den Industriestaaten die Geburtenraten tief bleiben, ja sogar weiter sinken. *Zweitens* steigt die *Lebenserwartung* weiter an, und dies nicht nur in den Industriestaaten. Dort führt sie aber insbesondere zu uns bekannten Problemen: Steigende Gesundheitskosten im fortgeschrittenen Alter, Probleme bei der Altersvorsorge von privater und staatlicher Seite, «Überalterung» des Arbeitsmarkts usw. *Drittens* entstehen grosse Risiken durch *menschliches Fehlverhalten*. Der Risikofaktor Mensch ist nach wie vor das schwächste Glied in einer zunehmend technologisierten Welt. Auch wenn alle Systeme zu 100% funktionieren, ein menschliches Restrisiko bleibt bestehen. Aus den ersten drei Faktoren – also Überbevölkerung, hohe Lebenserwartung, menschliches Fehlverhalten – entstehen denn auch die meisten Umweltprobleme, schlicht weil menschliche Aktivitäten, weil sie massenhaft geschehen, die Umwelt strapazieren. Erst viel weiter unten in der Rangliste der grossen Probleme der Menschheit würde ich biomedizinischen Problem wie jene im Zusammenhang mit der Gentechnologie, der Stammzellenforschung und den Tierversuchen nennen – wenn Sie wollen, auf Platz Nr. 55. Ich würde noch weiter gehen und diese sogar als «Ersatzproblem» bezeichnen, da wir es nicht schaffen, die erstgenannten wichtigsten Herausforderungen wirklich in den Griff zu bekommen.

Lassen Sie mich diese Aussage anhand der grossen medizinischen Probleme der Zivilisationsgesellschaft illustrieren. Dazu gehören HIV/AIDS, Rauchen, Alkohol, Übergewicht und mangelnde Bewegung. Seit 1981 sind mehr als 20 Millionen *Aidsopfer* zu beklagen, wobei pessimistische Schätzungen von mindestens weiteren 70 Millionen bis in das Jahr 2020 ausgehen. Gegenwärtig sind weltweit zudem rund 40 Millionen Menschen mit dem HI-Virus infiziert. Selbst in den Industriestaaten ist nach einer gewissen Abschwächung in jüngster Zeit wieder eine Zunahme Neuinfizierter festzustellen. An den Folgen des *Rauchens* sterben weltweit jährlich über drei Millionen Menschen. Bis zum Jahr 2020 soll die Zahl der Todesopfer gar auf zehn Millionen pro Jahr ansteigen. Dabei nimmt der Tabakkonsum nicht nur in den Entwicklungs- und Schwellenländern stark zu, sondern es ist auch eine Zunahme in Industriestaaten zu verzeichnen – insbesondere bei Jugendlichen und Frauen. In der Schweiz sterben jährlich 2500 bis 3500 Personen durch *alkoholbedingte Krankheiten* oder Unfälle. Jeder fünfte Strassenverkehrsunfall mit Todesfolge ist alkoholbedingt. Im Jahre 1999 beispielsweise sind in Deutschland über 200 000 Personen in Folge von Alkoholkonsum medizinisch betreut worden, und aufgrund verschiedener Schätzungen kann jährlich von etwa 42 000 Personen ausgegangen werden, deren

Tod direkt oder indirekt mit Alkoholkonsum in Verbindung steht. In den USA sind nach Angaben der Weltgesundheitsorganisation (WHO) schätzungsweise 300 000 Todesfälle pro Jahr auf *Übergewicht* und Folgekrankheiten zurückzuführen. Diese Zahl wird nur noch von der Quote der durch Rauchen verursachten Todesfälle übertroffen. Eine wesentliche Ursache für Herz-Erkrankungen, Diabetes und Übergewicht ist fehlende körperliche *Bewegung*. Nach Schätzungen der WHO führt der Mangel an Bewegung zu mehr als zwei Millionen Todesfällen im Jahr. Obwohl es den Anschein macht, dass sich immer mehr Leute mit abenteuerlichen Sportarten fit halten – und dabei nebenbei gesagt auch neue gesundheitliche Risiken eingehen – gehört Bewegungsmangel zu einer der grössten Volkskrankheiten. Wir haben es jedoch meist mit einer Kombination von gesundheitsschädigenden Faktoren zu tun: Falsche Ernährungsgewohnheiten, mangelnde körperliche Bewegung und Rauchen führen zusammen zu 80% der Herzkranzgefässerkrankungen bei Sechzigjährigen.

Alle diese Risiken sind bekannt, wissenschaftlich erforscht und unbestritten. Und dennoch wird wenig dagegen unternommen. Dies liegt in erster Linie daran, dass Wissenschaft und Gesellschaft unterschiedlich funktionieren. Wissen und Wissenschaft sind nicht einfach vorhanden, sondern entwickeln und etablieren sich *kumulativ* über die Zeit hinweg. Wissen wächst also. Die Gründe für unsere Zivilisationskrankheiten sind hingegen vielschichtig und hängen vom Verhalten des Einzelnen und der Familie ab, das sich in der Gesellschaft wiederholt, jede Generation neu erfährt oder «lernt», also *repetitiv* ist. Zudem ist es oft von Emotionen geprägt.

Die moderne Gesellschaft ist nun natürlich arbeitsteilig und spezialisiert. Fachleute (Handwerksmeister, Ärzte, Professoren) wissen und können auf ihrem Gebiet mehr als die Allgemeinheit, das ist wohl allseits akzeptiert. Hier redet ihnen niemand hinein. Anders ist es bei der Kunst, wo sich schon mehr Leute ein Urteil erlauben, beim Sport (etwa bei Fussball, wo die halbe Nation Experte ist) und dann erst recht in der Politik, wo alle mitreden und auch mitreden sollen, weil dies demokratisch ist. Von Wissen und Können zu unterscheiden ist dann aber noch die Moral (gut und böse), und hier fühlen sich nun alle kompetent. Die Problematik besteht nun darin, dass auch jene Bereiche, die spezielle Expertise benötigen, moralisiert werden können. Wenn nun eine Erkenntnis oder eine bestimmte Technologie zur Frage der Moral gemacht wird, kann jeder auch *ohne* Detailkenntnisse über deren Funktion und Auswirkung diskutieren. In dieser allgemeinen Diskussion entstehen jedoch aus schierer Unkenntnis Ängste, die von den Fachleuten nur schwer zu entkräften sind, weil der Laie die Kenntnisse nicht besitzt und emotional reagiert. Und am Ende wird über wissenschaftliche Probleme auf dem Wege des demokratischen Votums entschieden. Die oben aufgeführten realen Probleme der Menschheit kennt zwar jeder, aber erstaunlicherweise führen sie nicht zu Ängsten oder moralischer Empörung. Wer das Rauchen verbieten lassen will, weil es erwiesenermassen extrem gefährlich ist, wird als intolerant verunglimpft. Die Mehrheit entscheidet also «demokratisch» darüber, was sie als Gefahr perzipiert, was sie als solche auch akzeptiert und toleriert (und was sie der Minderheit der Andersdenkenden dann auch zumuten will).

2 Wie sicher ist Wissen und Forschung?

An sich sicheres Wissen gibt es nicht. Wie oben erwähnt erweitert und verändert sich das Wissen kumulativ über die Zeit hinweg. Dabei schreitet das Wissen gleichsam in Kreisläufen voran: Wir beobachten gewisse Phänomene, beginnen, sie systematisch zu sammeln und zu ordnen, versuchen, daraus allgemeine Regeln abzuleiten, die wir dann der weiteren Prüfung unterziehen. Wird die Annahme bestätigt, wird unser Wissen «sicherer», wird sie jedoch widerlegt, verwerfen wir die Hypothese und suchen nach neuen Mustern und Erklärungen. Es findet also ein ständiges Suchen und Entdecken statt, das Forschungsrad steht nicht still. Die englische Sprache geht sogar noch weiter: Als *Researcher* sucht man wieder, was in und von der Natur bereits «gewusst» wird, wird immer *wieder* zum Wiedersuchenden und begnügt sich nicht mit dem Wissen *(Scientist)*. Diese letztere Haltung wäre auch falsch. Zeigt sich doch immer wieder, dass gewisse Annahmen falsch waren oder die Daten nicht dem tatsächlich Beobachtbaren entsprachen – und dabei denke ich nicht mal an wissentlich verfälschte Forschungsdaten. Aber auch hier kann beruhigend gesagt werden, dass Fehler immer entdeckt werden: Sei es durch bessere Messgeräte, durch mehrmaliges Testen, durch Überprüfung von anderen Forschern. Von diesem Wissensansatz ist das Pseudowissen klar abzugrenzen. Dazu zu zählen sind u.a. die Homöopathie, der Placebo-Effekt und das Vitamin-O-Wundermittel. Dazu aber später mehr.

Nach meinem Wissenschaftsverständnis gibt es bloss eine Annäherung ans Wissen. Wahrscheinlich ist richtig, was noch nicht falsifiziert worden ist. Wissenschaftliche Annahmen lassen sich also fast nie wirklich verifizieren. Grundsätzlich müssen wir davon ausgehen, dass wir beobachtete Zusammenhänge zwar vorläufig bestätigen können; langfristig entwickelt sich aber die Wissenschaft nur durch ständiges Falsifizieren weiter. Sicher ist also bloss, dass wir nie ganz sicher sein können. DESCARTES Leitgedanke *cogito ergo sum* meint denn nicht nur «ich denke, also bin ich» sondern noch viel stärker «ich zweifle, also bin ich.»

Es gibt aber ein Pseudo- und Scheinwissen, welches auf vermeintlich wissenschaftlicher Grundlage basiert. Dies ist darum so, weil wissenschaftliche Erkenntnis oftmals auf Korrelationen beruht. Statistische Korrelationen sind aber nicht immer auch kausale Zusammenhänge und Wirkungsketten. Den meisten ist sicherlich der Storch-Geburtenzahlen-Zusammenhang ein Begriff: Es wurde beispielsweise festgestellt, dass die Storchenpopulation im Elsass abgenommen hat. Der Volksmund besagt ja, dass der Storch die neugeborenen Kinder beschere. Und siehe da: Die Geburtenrate ist tatsächlich in der gleichen Nachkriegsperiode gesunken. Stützte man sich jetzt bloss auf die beobachtete Korrelation, wäre ja wirklich die Volksweisheit wissenschaftlich erhärtet. Doch aufgepasst: Die Storchenpopulation ist wegen Trockenlegungen und der zunehmenden Industrialisierung der Region zurückgegangen, wie auch die tiefere Geburtenrate ein typisches Phänomen der Industriegesellschaft ist.

Ein weitaus spektakulärer Fall wurde in der New Yorker Studie *«Currents of Death»* publik. Entlang von Starkstromleitungen wurden eine erhöhte Leukämieerkrankung bei Kindern und weitere Gesundheitsstörungen bei Erwachsenen festgestellt. Unter anderem wurden als Gegenmassnahme die Kinder mit Bussen in entfernte Schulbezirke transportiert. Gelöst wurde dadurch das «Problem» aber nicht. Für noch grössere Unklarheit und Verwirrung sorgte aber der Befund einer anderen Studie, die zeigte, dass Arbeiter, die an Starkstromleitungen tätig sind, gesünder als durchschnittliche Bürger seien. Sind nun also Starkstromleitungen plötzlich Quelle der Volksgesundheit? Wohl kaum. Auch hier würden wir einem Irrglauben unterliegen. Die kausalen Zusammenhänge bringen Klarheit in dieses Scheinwissen: Die Arbeiter an Starkstromleitungen werden nicht gesünder durch die Arbeit, sondern müssen eine gute gesundheitliche Konstitution haben, um den Beruf überhaupt ausüben zu können.

Ein weiteres Beispiel für Pseudowissen stellt die Homöopathie dar. Dabei werden Wirkstoffe bis zu 30mal auf je ein Zehntel verdünnt (10^{-30}), was die Substanz auf weniger als 1 Molekül pro Dosis reduziert. Vor einiger Zeit hat in den USA der Verkauf einer sagenumwobenen Substanz Namens Vitamin-O, «stabilisierte Sauerstoffmoleküle», für Aufsehen gesorgt und bahnbrechende gesundheitliche Erfolge in Aussicht gestellt. U.a. solle der Wirkstoff direkt ins Blut gelangen und dort toxische Stoffe oxidieren.

Doch um was handelte es sich? Eine gewitzte Person hatte normales Wasser mit 7,5 ppm *(parts per million)* Sauerstoff «angereichert». Da Sauerstoff ohnehin in jedem Wasser gelöst ist (der natürliche Sauerstoffgehalt eines Baches beträgt etwa bis 15 mg O_2 pro Liter) hatte der geschäftstüchtige Zeitgenosse bloss «gesegnetes» Wasser verkauft und damit ein für ihn segenreiches Geschäft betrieben, bis er von der amerikanischen Gesundheitsbehörde eine Busse wegen Behauptung unerwiesener Heilungskräfte erhielt («Vitamin O» darf allerdings weiterhin verkauft werden). In beiden genannten Fällen müssen wir uns fragen, wie die Wirkung der Substanzen zu erklären ist, von der einige Konsumenten dieser «Heilmittel» weiterhin berichten.

Eine gewisse Verwissenschaftlichung des so genannten Placebo-Effektes ist in den 90er-Jahren eingetreten. Heilsame Wirkung hat nicht bloss, was wirklich heilt, sondern was den Glauben an die Heilung hervorruft. Dies hatte auch auf die medizinwissenschaftliche Landschaft gewisse Auswirkungen: Lehrstühle für alternative Medizin schossen wie Pilze aus dem Boden, vor allem in den USA. Auch der Staat Zürich wollte sich dieser Entwicklung nicht verschliessen und abseits stehen und schuf eine Professur für Naturheilkunde. Meines Erachtens stellt sich nicht die Frage des Entweder-Oders. Es geht eher darum, die Schulmedizin durch die alternative Medizin zu ergänzen – wo nötig und hilfreich.

3 Biologische Vorgänge sind nie 100% genau: Evolution

Warum aber ist unser Wissen und die Wissenschaft nie vollkommen genau? Eine Antwort darauf liefert die Evolution, die lehrt, dass auch biologische Vorgänge nie zu 100% genau sind. Die «Fehler» sind aber insgesamt gering und normalverteilt, fallen dadurch also kaum ins Gewicht. Das Gesamtsystem bleibt stabil, ja entwickelt sich langsam weiter und verbessert sich. Hier die moralische Frage von besser und schlechter zu stellen, wäre nicht angemessen. Es scheint zwar undemokratisch, wenn nur der Stärkere überlebt. Doch für das Gesamtsystem ist diese Einrichtung der eigentliche Erfolgsgarant. Damit dies aber klar zum Ausdruck kommt: Ich spreche hier von einem natürlichen, biologischen System der Entwicklung und nicht von einem Gesellschaftsmodell, welches auf Minderheiten und Schwächere keine Rücksicht nimmt. In der Natur gehört aber das Ausleseprinzip zum festen Bestandteil der Fortentwicklung. Sie ist denn auch sozugleich mit einem Sicherungsventil ausgestattet, welches ein «Zuviel-des-Guten» verhindert, indem *jeder Vorteil auch Nachteile beinhaltet.* (So sind zwar Giraffen mit langen Beinen und Hals ausgestattet, die es ihnen erlauben, frische Blätter in den obersten Baumwipfeln zu pflücken oder relativ rasch den Raubtieren zu entkommen. Beim Trinken hingegen wird dieser Vorteil zum Hindernis, da sie sich umständlich zur Tränke beugen müssen und dadurch zur leichten Beute werden können und zugleich Kopfweh bekommen könnten.)

Diese Vorsichtsmassnahme der Natur findet sich auch in den «Krankheitsgenen». So konnte beispielsweise das Gen CCR5 isoliert werden, welches als Rezeptor für den HI-Virus wirkt. Es gibt Menschen, denen dieses Gen fehlt, und diese sind resistent gegen HIV, erkranken also nicht an AIDS. Der Nachteil aber ist dabei, dass diese gegen gewisse andere Infektionen wahrscheinlich weniger Abwehr aufbauen können, was den Körper für andere Erkrankungen verwundbarer macht. Ein weiteres Beispiel stellt die Sichelzellanämie dar. Sie macht zwar zum einen resistent gegen Malaria, lässt aber zum anderen rote Blutkörperchen bei Sauerstoffmangel verklumpen, was heute bei Flugpassagieren zu Thrombosen führen kann.

4 Risiken der Forschung

Wenn wir von Risiken in der Forschung sprechen, müssen wir zwischen echten, abschätzbaren Risiken und nicht von unmöglichen oder imaginierten Risiken sprechen. In Science-Fiction-Romanen, populärwissenschaftlichen Publikationen und in den Boulevard-Medien ist vor allem von imaginierten Risiken die Rede. In der wissenschaftlichen Forschung haben wir aber ständig mit echten und nach Möglichkeit abschätzbaren Risiken zu tun.

Ein Beispiel ist die Herbizidresistenz etwa bei Raps. Ein entsprechend genetisch veränderter Raps kann gegen ein bestimmtes Unkrautvernichtungsmittel resistent gemacht werden. Auf einem Feld mit genetisch modifiziertem Raps kann also der Bauer das entsprechende Herbizid ohne Schädigung des Rapses einsetzen, und zwar auch in sehr geringen Dosen. Das ist der Vorteil dieses Verfahrens. Was die Risiken betrifft, so wird viel von der Möglichkeit einer unkontrollierten Ausbreitung dieses Rapses gesprochen; allerdings ist dieses Risiko ausserordentlich gering, weil der gentechnisch veränderte Raps dem evolutionären Druck ausserhalb des behandelten Feldes nicht standhält; er braucht den Schutz des Herbizids. Man wird in der Praxis Vor- und Nachteile gegeneinander abwägen müssen.

Ja, aber dies fällt alles weg, wenn der «Druck» wegfällt, also wenn kein Herbizid verwendet wird (Feld- bezw. Frucht- bezw. Herbizidwechsel).

Ein weiterer Bereich stellt die Forschung an Antibiotika-Resistenzgenen dar. Hier handelt sich um das blosse Gen und nicht um ein eigentliches Produkt. Eine eigene Antibiotikawirkung besteht nicht. Sie erfolgt erst mit der Verschmelzung mit einer Trägerpflanze. Dabei ist zwar die Übertragung von Pflanzen auf Bakterien nicht absolut unmöglich, bis anhin aber noch nicht beobachtet worden. Viele Bakterien tragen natürlicherweise oder selektioniert bereits Antibiotika-Resistenzgene in sich. Dies ist vor allem dort zu beobachten, wo häufig Antibiotika eingesetzt werden. Es erstaunt deshalb nicht, dass wir gerade in Spitälern eine eigentliche Selektion von Bakterien feststellen können, die aber ausserhalb des Spitals wieder verschwinden, da sie dort, ohne Selektion, keinen Vorteil haben, weniger lebensfähig sind oder keine Wirte finden.

Diese Überlegungen lassen sich auch über Sicherheit in der Gentechnologie anstellen. So lassen sich beispielsweise *Resistenzmarker* in Organismen setzen (der für die Auswahl bei der Entwicklung nötig ist und die Unempfindlichkeit gegenüber bestimmten chemischen, physikalischen und biologischen Belastungen anzeigt); ein solcher Organismus braucht einen hohen Selektionsdruck, um überleben zu können. Dieser Druck lässt sich aber nur im Labor herstellen. In der Natur kommt dieser nicht vor, weshalb der Organismus dort abstirbt. Zum anderen lassen sich «Krüppelviren» herstellen, die zwar lebensfähig sind, sich aber nicht selbständig vermehren können.

5 Sicherheit in der Biologie durch Komplexität

Wir haben also gesehen, dass sich Vorteile in der Biologie auch in der Gentechnologie nur unter Inkaufnahme gewisser Nachteile erzielen lassen. Die Biologie schafft durch ihre enorme Komplexität allein schon ein sehr grosses Mass an Sicherheit. Wir bewegen uns also mit der Gentechnologie nicht der sicheren Katastrophe entgegen, sondern geniessen den Schutz, der gegeben ist durch die ausserordentliche Kompliziertheit der biologischen Vorgänge, so wie sie die Evolution selektioniert hat. Da wir aber nicht ganz sicher sein können, was wir wissen und wie dieses Wissen funktioniert, braucht es auch Regeln für die Forschung. Denn was wir noch nicht wissen, müssen wir sorgfältig angehen.

Wir müssen die Phänomene verstehen und neue Wirkungsmöglichkeiten herausfinden, gleichzeitig aber auch deren Anwendung regeln. Mit simplen Verboten ist es hingegen nicht getan: Dadurch verstehen wir weder die Phänomene, noch lernen wir, mit den Problemen verantwortungsvoll umzugehen, und schon gar nicht können wir von den Vorteilen profitieren – was eines der ursprünglichen Forschungsziele war.

Wichtige regulative Mechanismen bietet die Natur aber gleich selber: So sind monogenetische Krankheiten äusserst selten. Dabei verursacht ein einzelner Gendefekt eine Krankheit. Sehr selten ist die Mukoviszidose oder der kongenitale Immundefekt. Normalerweise sind aber Merkmale (auch Krankheiten) durch mehrere Gene bestimmt. «Fehler» in der Natur führen deshalb meist zu einer minimalen Nichtfunktion, welche das Gesamtsystem nicht wesentlich beeinträchtigt, den Organismus aber wirksam isoliert, ohne dass weiterer Schaden für das Gesamte entsteht. Schreckensszenarien sind also ins Reich der Fiktion zu verbannen, entbehren sie doch jeder wissenschaftlichen Grundlage. Denn diese mit «Superfunktionen» ausgestatteten Lebewesen sind an sich nicht überlebensfähig und sterben ab. Sowenig es sinnvoll ist, in ein 2CV-Chassis einen Porschemotor einzubauen und von diesem dann Rennwagen-Leistungen zu verlangen, sowenig gelingt eine genetische Modulation mit spezifischer Superfunktion – der Organismus hätte so grosse Nachteile, dass die neue Eigenschaft nicht weiter überlebt. Die Komplexität und Kompliziertheit der biologischen Prozesse stellen also die beste Kontrolle dar und lassen sich auch nicht durch gentechnologische Finten aushebeln.

6 Freie versus dirigierte Forschung

Lassen Sie mich auf die Fragestellung meines Vortrages zurückkommen: Wie sicher resp. frei kann sichere resp. freie Forschung sein? Diese Frage ist eng verknüpft mit der Forschungsanlage: Haben wir es mit Grundlagen- oder angewandter Forschung zu tun? In einem gewissen Sinn ist die *Grundlagenforschung* freie Forschung. Sie soll grundlegende Erkenntnisse erbringen und Zusammenhänge aufzeigen. Sie hat keinen unmittelbaren Anwendungsnutzen und verfolgt deshalb eine langfristige Perspektive. Dies kann nur durch die öffentliche Unterstützung und durch langfristige Investitionen gewährleistet werden. Die finanziellen und forschungsmässigen Risiken werden dabei der Gesellschaft übertragen. Rechenschaft muss auch hier erfolgen, aber weniger im finanziellen Sinne, also mit dem Nachweis, das sich die Forschung rentiert, wohl aber im wertbezogenen Sinne, nämlich dass sie unser Wissen mehrt und ethischen Maximen genügt.

Angewandte Forschung hingegen folgt der Logik des Marktes und zielt auf direkte, praktische Zwecke, die vorgegeben sind. In diesem Sinne ist diese Art der Forschung «unfrei» und «dirigiert». Sie ist zwar abhängig, aber unabdinglich für die Entwicklung neuer Medikamente und Heilmethoden. Da sie sich am Markt ausrichtet, kann sie vor allem von privater Seite mit kurzfristigen, erfolgsorientierten Investitionen unterstützt werden (ist und bleibt aber wesentlich von der ungebundenen Grundlagenforschung abhängig); die Risiken werden von den Betrieben, die solche Forschung organisieren und finanzieren, selbst getragen. Die Kosten werden weitgehend internalisiert, respektive durch den Erfolg im Markt wettgemacht. Nur in dieser Weise hat es einen Sinn, zwischen freier und dirigierter Forschung zu unterscheiden. Beiden gemein ist die Tatsache, dass sie den Fortschritt im Blick haben, womit der siebente Punkt angesprochen ist.

7 Der Mensch sucht den Fortschritt

Allgemein lässt sich sagen, dass der Mensch ständig nach Fortschritt strebt. Beim Individuum geschieht dies mit einer gewissen *Risikofreudigkeit,* ja gar Lust an Herausforderung. In der Gesellschaft hingegen suchen wir *Sicherheit,* ja grösstmögliche Absicherung. Wir befinden uns also in einem typischen Gesellschaftsdilemma, in dem die Freiheit und Risikobereitschaft des einen die Freiheit und Sicherheit des anderen einschränken oder gar gefährden: etwa der Raser auf der Autobahn, der seiner gefährlichen Neigung frönt und dabei nicht nur sich selbst, sondern auch andere gefährdet. Idealtypisch liessen sich dabei zwei Kategorien von Menschen unterscheiden, die sich mitunter zusammentun und als soziokulturelle Gruppierungen dann auffallen: Auf der einen Seite haben wir die risikofreudige Gruppe der Sportler, Künstler und Forscher, Unternehmer, die sich ständig einem gewissen Risiko aussetzen, um zu scheitern oder aber zu reüssieren. Gerade Risiken bieten schon an sich für gewisse Leute einen unheimlichen Anreiz, weil bei bestandenen Proben die Genugtuung umso grösser ist. Zudem kann man sich hervortun: Denn hier zählt nicht das sichere Mittelmass, der Normalfall, sondern die Ausnahme. Auf der anderen Seite finden wir den Normalbürger, die «schweigende Mehrheit» der Gesellschaft. Diese sehnt sich nach Sicherheit und Geborgenheit. Man versucht sich durch die Etablierung von Regeln abzusichern, z. B. durch Zähmung der Anarchie des Marktes. In dieser sicheren Welt, in man den Normalfall zur Regel zu machen sucht, besteht keine Möglichkeit für Grenzerfahrungen. Fortschritt ist hier nicht leicht möglich. Auf die Sportwelt übertragen würde dies bedeuten, dass man den Hochsprung über 1,70 m verbieten müsste; er wäre zu gefährlich; die Erforschung des Unbekannten generell wäre an sich zu gefährlich und müsste deshalb verboten werden. Dadurch entstünde aber eine enorme Diskrepanz und innere Gespaltenheit zwischen den Wünschen des Individuums und den Handlungsanweisungen der Gemeinschaft.

Es kommt also zur Trennung zwischen einer Welt der Sicherheit und einer Welt des Risikos. Auf der einen Seite haben wir die Sicherheit bzw. Institution, die dafür verantwortlich sind, Sicherheit zu gewährleisten. Der *Staat* wird vermehrt für alles verantwortlich gemacht, für die allgemeine Daseinsvorsorge, wobei er alle jene Dinge regelt, die das Individuum allein nicht leisten kann oder leisten will. Die Gesundheitsvorsorge wäre hier ein gutes Beispiel. Auf der anderen Seite suchen wir den Lustgewinn, fordern aber auch gleichzeitig die Absicherung gegen die damit verbundenen Risiken. Das Individuum will also das spannende, lustbetonte Risiko (Rauchen, Autofahren, Abenteuer, Sex), ohne dafür aber selber zahlen zu müssen.

Die Schweiz und die EU auf der einen und die USA auf der anderen Seite folgen hier ganz unterschiedlichen Philosophien. In Europa schätzen wir die soziale Komponente, die so weit gehen kann, dass wir den Staat als reines Vorsorgevehikel betrachten. Wir versuchen, uns gegen alle möglichen und unmöglichen Risiken abzusichern. Dabei gehen wir soweit, dass wir uns in gewissen Bereichen überversichern. Es lässt sich also ohne Übertreibung sagen, dass wir übervorsichtig sind, das Bestehende bewahren wollen und längerfristig planen. Wir wollen uns auch nicht exponieren und sehen uns eher als «Anti-Stars», die in der Masse untertauchen können. Oberste Maxime ist die Vermeidung von Fehlern. Ganz anders in den USA, welche höchst individualistisch ausgerichtet ist und sich dem Wettbewerb stellt. Jeder versucht – und wenn auch nur im kleinen – ein Star zu sein: *«Be a star for 15 minutes»,* wie es bereits ANDY WARHOL propagiert hat. Dabei zeichnet sind der typische Amerikaner durch einen gesunden Optimismus aus, lebt zukunftsorientiert, aber oft nicht sehr langfristig. Denn erst die kurzfristige Sicht der Dinge erlaubt die kreative Risikofreude. Dennoch braucht auch der Amerikaner Sicherheit, aber er holt sie sich anderswo: Die Religion hat in den USA eine grössere Bedeutung; es gibt viele unterschiedliche Kirchen und Sekten, die sozialen Halt in der Risikogesellschaft bieten. Auch die Familie spielt in den USA in dieser Hinsicht eine sehr grosse Rolle. Zuwendungen an Kirchen sind steuerlich absetzbar; das «Heil» kann also bis zu einem gewissen Grade käuflich erworben werden.

Aufgrund der obigen Darstellung der beiden Gesellschaftsmodelle ist es einleuchtend, in welchem Umfeld die Biotech-Industrie die grösseren Entfaltungsmöglichkeiten besitzt. Es ist nun aber natürlich nicht so, dass wir in Kontinentaleuropa den Lauf der Dinge ausschliesslich gemäss Schöpfungslehre erklären, doch scheint der evolutionäre Gedanke DARWINS in der amerikanischen Forschergemeinschaft stärker verankert zu sein – und zwar sowohl was die optimistischere Einschätzung der Risiken anbetrifft, aber auch bezüglich der Erkennung von neuen Möglichkeiten.

8 Anwendung von Wissen

Damit komme ich zur letzten meiner acht Thesen und der Frage der Anwendung: Wie soll aber das Wissen angewendet werden, respektive wie lässt es sich sinnvoll einschränken? Klar ist, dass sich auch die Wissenschaft und Forschung gewissen Regeln unterziehen muss. Doch scheint es problematisch, dieses Regelwerk allein durch Glaubens- und Moralvorstellungen bestimmen zu lassen. Gewisse Forschungszweige, z. B. Stammzellenforschung, aufgrund von Glaubensbekenntnissen vollständig zu verbieten, ist nicht angemessen. Zwar sollten wir nur anwenden, was wir auch wissen und auch verantworten können. Doch um das notwendige Wissen zu erlangen, ist eben auch die Forschung unabdingbar, die Risiken impliziert. Für deren Kontrolle ist ein schrittweises Vorgehen nötig, wie dies bei der klinischen Prüfung eines Wirkstoffs oder Medikaments der Fall ist. Dabei wird in einer ersten *präklinischen Phase* die Wirkungsweise bei Tieren untersucht. Verläuft diese Testphase erfolgreich, d.h. treten keine unerwünschten Schädigungen auf, geht man zur eigentlichen *klinischen Phase* über. Diese lässt sich in vier Unterschritte einteilen. Zuerst wird die *Verträglichkeit des Medikaments bei Gesunden* getestet. Hier geht es nicht primär darum, ob das Medikament wirkt, sondern ob Nebenwirkungen auftauchen. In einem zweiten Schritt wird der Versuch bei einer kleinen Gruppe von Kranken durchgeführt. Dabei soll die *Wirksamkeit des Medikaments* bei einer Krankheit selbst geprüft werden. Erst bei einem erfolgreichen Abschluss dieser Phase werden die Versuche ausgedehnt und auf eine *grössere Serie von Probanden* ausgeweitet. Ist auch diese Phase erfolgreich, gelangt das Medikament zur *Markteinführung*. Es unterliegt aber nach wie vor der strengen Prüfung, um allfällige Nebenwirkungen rasch zu erkennen.

Dennoch bleibt Skepsis bestehen. Doch gemessen an der «Unvernunft» des durchschnittlichen Zeitgenossen, der ohne nachzudenken sich alle möglichen Gesundheitsrisiken im Alltag, im Sport und in den Ferien zumutet, sind diese Risiken vernachlässigbar klein. Krebs war bis vor kurzem eine absolut unheilbare Krankheit. Doch die Forschungsanstrengungen haben uns in den letzten Jahren und Jahrzehnten enorme Fortschritte gebracht, die wir aber gleich selber durch unser risikoreiches Konsumverhalten (Alkoholkonsum, Rauchen, unvernünftige Ernährung) immer wieder relativieren oder gar ganz zunichte machen.

Ähnliche – beinahe perverse – Verhaltensweisen lassen sich beim Impfen und der Organspende beobachten. Hier sollten nach Möglichkeit die Vorteile internalisiert werden, faktisch werden aber die Nachteile externalisiert. Wir finden also, dass es nicht nötig sei, dass man sich selbst impft, da ja unter seltensten Umständen die Nebenwirkungen gefährlich sein könnten. Die anderen sollten sich aber durchaus impfen lassen, damit man selbst nicht infiziert wird und das viel grössere Risiko hat, ernsthaft krank zu werden. Genauso wenig sind wir bereit, eigene Organe zu spenden, verlangen aber, dass für den Eventualfall entsprechende Organe für einen selbst verfügbar sind. Wir fordern zwar den Nutzen ein, sind aber nicht bereit, uns auch an den Kosten zu beteiligen. Wir fordern einen absoluten Schutz, der durch den Staat garantiert sein soll, indem dieser auch für Schäden durch sehr seltene Nebenwirkungen Vorkehrung zu treffen hätte. Die Unvernunft des Menschen lässt sich *in extremis* aber noch weiter denken, in Richtung einer unmenschlichen Diktatur, die im Namen der Beseitigung aller Risiken schliesslich den Stillstand der Gesellschaft, ja der Evolution verordnet, womit auch jegliche Anreize für Forschung, Innovation und Fortschritt verschwinden müssten.

Ausweg aus dem Dilemma?

So weit ist es zum Glück aber noch nicht. Doch welche gangbaren Wege führen aus diesem Dilemma? Dabei müssen wir uns im Klaren sein, dass die Organisationsform der Gemeinschaft entscheidende Auswirkungen auch auf die Forschung und Wissenschaft hat. Dass uns eine Theokratie mit ihrem Dogmatismus in die Unmündigkeit treibt, ist wohl unbestritten. Doch auch die Demokratie zeigt sich zunehmend forschungsfeindlich. Jeder will alles besser wissen und können, das Vertrauen in Zukunftstechnologien ist am Schwinden. Dies muss nicht so sein, wenn sich die Forscher in einer klaren und verständlichen Sprache ausdrücken und sich auch der Verantwortung gegenüber der Gesellschaft stellen.

Es ist aber unbestreitbar, dass die Kernelemente der menschlichen Gesellschaft – Wissen und Kunst – ihre Freiheit und ihre Freiräume brauchen. Wie wir diese schaffen und erhalten, ist eine ständige Suche und ein ständiges Lernen. Da gerade die Grundlagenforschung weitgehend von der Gemeinschaft finanziert ist, sollte sie auch Rechenschaft über ihr Tun ablegen. Dies beinhaltet das bescheidene Eingeständnis, dass bestehendes Wissen unsicher ist. Wir befinden uns also bloss in einer Annäherung an das Richtige. Wobei dies nur möglich ist, wenn wir Ideen, Postulate und Vermutungen fortlaufend falsifizieren – und auch begangene Fehler eingestehen können.

Allerdings haben nicht nur die Forscher vermehrt Verantwortung zu übernehmen. Dies gilt auch für das Individuum. Eigenverantwortliches Handeln ist das Ziel. Ist es sinnvoll, Erdbeeren im Dezember konsumieren zu wollen, ohne Rücksicht auf die Kosten (die man ja ohnehin zum grössten Teil nicht selber trägt, weil sie im zu zahlenden Preis nicht enthalten sind)? Muss man sich jeden Schritt durch Autofahren ersparen? Ist die tägliche Zufuhr von zuviel Alkohol unbedingt notwendig? Warum die Scheu vor dem Impfen und der Organspende? Vernünftiges und eigenverantwortliches Verhalten ist so schwer nicht, und es hat seine Vorteile: Es kommt nicht nur zukünftigen Generationen zugute, wie etwa im Umweltschutz, sondern wirft auch eine unmittelbare Dividende für jeden Einzelnen in Form eines gesünderen und erfüllteren Lebens ab.

Moritz Leuenberger

Von der Verantwortung, die Sicherheit zu organisieren

Ich habe diesen Vortrag in der Weihnachtszeit entworfen. Dabei beobachtete ich meine Nachbarskinder Laura und Luca, und unversehens ist mir einiges, was sich bei ihnen abspielte, in diesen Vortrag gerutscht:

1 Zwischen Freiheit und Sicherheit

Laura erhielt zu Weihnachten eine Puppenstube und hat sie unter dem Weihnachtsbaum eingerichtet. Luca erhielt einen Fussball, und den probiert er jetzt aus. Laura: «Hör auf! Der Ball könnte meine Puppen treffen.» Luca: «Darf ich etwa nicht einmal mehr Fussball spielen?»

Sicherheit und Freiheit sind Gegensätze. Die Freiheit des einen bedrängt die Sicherheit des anderen. Die Sicherheitsansprüche der einen schränken die Freiheit der anderen ein.

Im Konsumentenmagazin *K-Tipp* vom 14. Februar 2001 waren auf der ersten Seite massive Anwürfe an den Umweltminister zu lesen, der die Strahlungsgefahr der Handy-Antennen sträflich vernachlässige und zu viele Antennen zulasse. Auf der zweiten Seite derselben Nummer fand sich ein empörter Artikel, der dem Telekommunikationsminister bedenkliche Lücken im Mobilfunknetz ankreidete. (Die Zuordnung von Schutz- und Nutzfunktionen im selben Departement hat mitunter also auch Vorteile: Die verschiedenen Vorwürfe können sich neutralisieren.)

Die Menschen wollen Sicherheit *und* sie wollen Freiheit. Eine Zürcher Partei wirbt mit dem Slogan: «Für eine sichere Zukunft in Freiheit!». Zugegeben: Wir wollen beides. Aber kann man beides versprechen?

Luca und Laura wenden sich beide an die Eltern und verlangen Hilfe, je für ihren Standpunkt. Sie ziehen alle Register: Sie weinen, argumentieren, schmollen, drohen mit Liebesentzug. Die Eltern sind hin und her gerissen.

Im Bundeshaus spielen sich ähnliche Dramen ab, etwa, als die Swissair am Vorabend der Festlegung der Lärmgrenzwerte bei den einzelnen Mitgliedern des Bundesrates aufkreuzte und ebenfalls weinend auf ihre Wirtschaftsfreiheit pochte.

Welchen Stellenwert soll die Freiheit haben? Welchen die Sicherheit?

Die politische Auseinandersetzung um Sicherheit und Freiheit gelangt in verschiedenen Zeiten und an verschiedenen Orten zu verschiedenen Lösungen.

Wer wirtschaftlich oder kulturell etwas erreichen oder nachholen will, setzt auf die Freiheit, wer Erreichtes verteidigt und wahrt, pocht auf Sicherheit. Was für ein Individuum gilt, gilt auch für ganze Nationen oder Kontinente: Bauvorschriften sind in einem behäbigen Lande einschränkender als in einem aufstrebenden.

Luca sagt: «Die anderen dürfen zuhause auch Fussball spielen, wenn ich nicht üben darf, lässt man mich nie in die 1. Mannschaft.»

Der Forschungsplatz Schweiz und sein Anschluss an die Weltspitze ist in der Genlex-Debatte ein wichtiges Argument gegen Einschränkungen.

Die Eltern von Laura und Luca finden einen Kompromiss: Luca darf tschutten, aber nur ganz vorsichtig. Das tut er zunächst auch, doch wird seine Ballkunst immer kühner, und er trifft zwar nicht die Puppenstube, dafür eine Vase von Vanini, die in Scherben fällt. Jetzt weint auch die Mutter und es ist klar: Es wird nicht mehr tschuttet. Das findet auch Luca. Kleinlaut beginnt er, im Struwwelpeter zu blättern und ist froh, dass es ihm nicht so ergeht wie den dortigen bösen Buben.

- Unmittelbar nach dem Gotthardunfall sprachen selbst die Fuhrhalter im Parlament von Sicherheit und akzeptierten alle Massnahmen.
- Gleich nach dem Unfall in Tschernobyl wäre auch bei uns ein KKW-Ausstieg beschlossen worden.
- Nach dem 11. September gaben wir jede noch so stumpfe Nagelfeile bei der Sicherheitskontrolle an den Flughäfen willig ab.

Doch solches währt nicht lange:

Luca hat den Struwwelpeter fertig gelesen, die Vanini-Scherben sind aufgewischt. Vater findet, die Vase sei ohnehin nicht so schön gewesen. Luca beginnt wieder ganz sachte mit dem Ball zu spielen.

- Bereits ein halbes Jahr nach dem Gotthardunfall wurde mit allen Mitteln auf die Freiheit gedrängt, nämlich das Kreuzungsverbot und das Dosierungssystem wieder aufzuheben.
- 17 Jahre nach Tschernobyl hat die Ausstiegsinitiative am 18. Mai keine besonders grosse Chancen.
- Heute sind bei der Kontrolle vor einem Flug schon wieder gehässige Freiheitskämpfe um beschlagnahmte Nagelscherlein zu beobachten.

Niemand kann ständig in Angst und Schrecken leben, die Menschen suchen zurück zum Alltag.

Laura kann sich nicht Tag und Nacht schützend vor die Puppen stellen.

Sicherheit kommt von «si(ne) cura», ohne Sorge. Sie bedeutet, sich sicher zu fühlen, keine Angst zu haben.

2 Sicherheit vor welchen Gefahren?

Es gibt keinen Bereich des Lebens, der nicht von Sicherheitsfragen betroffen wäre. An Silvester widmete die *Neue Zürcher Zeitung* ihren Leitartikel und der *Tagesanzeiger* gar seine ganze Ausgabe dem Thema Sicherheit. Da wurden Politik, Wirtschaft, Kriminalität und Kultur unter dem Thema Sicherheit abgehandelt (bei der Kultur ging es um die Versicherung der Beine von Schauspielerinnen). Das Thema Sicherheit hat Hochkonjunktur. In der *NZZ* ist von Sicherheit heute fast doppelt so oft die Rede wie 1997, Terrorismus wird gar 5-mal häufiger behandelt. Dies, obwohl die Zeitung heute dünner ist.

Ich will mich im Folgenden auf Sicherheitsfragen beschränken, die mit meinem politischen Wirkungskreis zusammenhängen.

2.1 Die Natur als Gefahr

«Vater, es wird mir eng im weiten Land; da wohn ich lieber unter den Lawinen!», sagte nicht Luca, sondern Walterli in SCHILLERS Wilhelm Tell. Beim Abwägen zwischen Freiheit und Sicherheit neigt sich bei SCHILLER die Waagschale zugunsten der Freiheit. Heute würde Walterli, wenn er von Lawinen erfasst würde, einen Anwalt engagieren, und der würde eine Sammelklage wegen unterlassener Verbote und zu später Hilfeleistung anstrengen. Es ist deshalb heute verboten, in Lawinenhängen zu bauen.

Für Erdbebengebiete planen wir strengere Bauvorschriften. Der neue Verfassungsartikel über den «Schutz vor Naturgefahren» war bereits in der Vernehmlassung.

2.2 Der Mensch als Gefahr

Ich beschränke mich und lasse deshalb weg:

- Krieg, also die äussere Gefahr, die es nötig macht, die äussere Sicherheit zu organisieren und
- Terrorismus, der früher als Bedrohung der inneren Sicherheit galt, heute hingegen als Gefahr innerhalb der Weltgemeinschaft gesehen wird und nach einer so genannten Weltinnenpolitik ruft.

2.2.1 Rücksichtslosigkeit von Menschen

Luca weiss: Wenn ich absichtlich mit dem Ball in die Puppenstube ziele, droht mir eine Strafe. Darum der verzweifelte Kinderausruf nach jedem Unglück: «Hab es nicht extra gemacht!» Denn Vorsatz wird bestraft, Fahrlässigkeit nicht immer und wenn, dann milder.

Deswegen gibt es ein Strafrecht und Vollzugskräfte, die es durchsetzen. Jedes Gesetz, sei es das Strassenverkehrsrecht, das Energie- oder das Umweltgesetz, kennt auch strafrechtliche Normen.

2.2.2 Schutz des Menschen vor sich selbst

Luca will nicht weiterhin wie ein Softy mit dem Ball spielen. Er will auf die Strasse. «Nein, das ist zu gefährlich, du könntest unter ein Auto kommen», sagen Mutter und Vater in seltener Einmütigkeit. «Ist doch meine Sache, wenn ich unter ein Auto komme», sagt Luca, «Mein Bein wäre gebrochen, nicht eures.» – «Aber wir müssen dich dann pflegen.» – «Nein, müsst ihr nicht.» – «Doch wir müssen, auch wenn du es nicht willst. Und überhaupt: Du gehörst in unsere Familie und wir wollen, dass du uns erhalten bleibst.»

Darf die Freiheit eines Menschen zu seiner eigenen Sicherheit eingeschränkt werden? Darf man ihm verbieten, in einem Lawinenhang zu bauen, ausserhalb der Piste zu snowboarden? Darf man vorschreiben, im Auto Gurten und auf dem Motorrad einen Helm zu tragen oder sich an Höchstgeschwindigkeiten zu halten? Nach den Vorschlägen der Expertengruppe Vision Zero schrieb mir ein freiheitsliebender Motorradfahrer: «Lieber sterbe ich, als nur noch mit 80 km/h fahren zu müssen.»

Früher war Suizid bei Strafe verboten. Als Grund wurde die soziale Verpflichtung genannt, als Mitglied der Gesellschaft Verantwortung zu tragen und Steuern zu bezahlen (sic!). Diese soziale Verpflichtung gilt noch heute als Motiv, jemanden vor sich selber zu schützen. Der Schädelbruch des Motorradfahrers kostet alle Geld. Ein Fürsorgerischer Freiheitsentzug schützt den Menschen vor sich selbst und andere vor ihm.

2.3 Die Technik als Gefahr

«Unvollkommen sind wir, wenn wir Technik schaffen, unvollkommen, wenn wir unsere Technik anwenden und unvollkommen, wenn wir auf unsere eigene Unvollkommenheit reagieren.»

Mit diesen Worten umschrieb ich in einer der schwierigsten Situationen, in welcher ich mich je befand, die Ursachen und die Kommunikation des Flugzeugzusammenstosses von Überlingen.

Der Erfindungsgeist des Menschen ist grossartig, doch jede technische Innovation bringt auch neue Risiken: Die Geschwindigkeit, Röntgenstrahlen, Strahlen von Handys, Atomstrahlen, die Gentechnologie, elektrische Anlagen, die Nutzung von Gas und Öl, Brücken und Tunnel. Das sind auch Risiken, die sich mit bestehenden der Natur kumulieren, wie etwa der Felssturz auf den Tunnel der A8 zeigt.

Verpflichtung des Staates ist es, diese Gefahren zu entschärfen, ohne die Innovation zu blockieren. Je freiheitlicher ein Staat organisiert ist, desto stärker hinkt er den schädlichen Auswirkungen von Innovationen hinterher. Das heisst: Zuerst wird erfunden und erschaffen, erst später wird die Gefahr erkannt und eine Vorschrift erlassen.

Als ich Kind war, stand im Schuhgeschäft ein Röntgenapparat, in den ich meine Füsse zu stecken hatte, damit die Verkäuferin und die Mutter ausführlich begutachten konnten, welches wohl die passende Schuhgrösse sei. Heute bekomme ich für eine Hundertstelsekunde Röntgenstrahl einen Bleischurz und die Dentalhygienikerin rennt weit fort.

2.4 Die Gesellschaft als Gefahr

Aus der menschlichen Gemeinschaft ausgeschlossen zu werden, führt zu Neid und Rache als Quelle von Kriminalität. Das gefährdet die Sicherheit aller. Deswegen ist die soziale Sicherheit Bestandteil jeder Politik. Sie führt zu den Grundsätzen von Solidarität und Gerechtigkeit.

Mami und Papi wissen: Hätte Luca gar kein Weihnachtsgeschenk erhalten, wäre das Risiko viel grösser, dass er aus Enttäuschung über diese Ungerechtigkeit etwas anstellt, das Lauras Puppenstube drastischer gefährden könnte als ein Fussball.

Zur sozialen Sicherheit gehören:

- die eigentlichen sozialen Auffangsysteme wie AHV oder Arbeitslosenversicherung
- die soziale Geltung in der Gesellschaft: Im neuen Radio- und Fernsehgesetz ist garantiert, dass auch Bedürftige Radio hören und Fernsehen können. Von den drei Finanzierungsmöglichkeiten – Sozialversicherung (also letztlich vor allem die Kantone!), Bund (der Steuerzahler) oder Umverteilung auf die anderen Fernsehzuschauer (verbunden mit einer Gebührenerhöhung, die bereits erfolgte) – wählte der Bundesrat die letztere.

3 Sicherheit organisieren

Luca und Laura plärren weiter. Die Eltern sagen: «So geht das nicht weiter, jetzt muss etwas geschehen. Wir müssen das Fussballproblem grundsätzlich lösen. Aber wie?»

3.1 Kaskade möglicher Sicherheitsmassnahmen

1. *Die Eltern sagen: «Tschutt du nur, Luca, aber achte auf Lauras Puppen!»*

- Jede Gemeinschaft kennt moralische Normen. Wir stützen unser Zusammenleben auf sie mit Begriffen wie Treu und Glauben im ZGB.

2. *Die Eltern sagen: «Du darfst spielen, aber wenn etwas kaputt geht, muss du mit dem Sackgeld eine neue Puppe bezahlen und zur Strafe die Arena anschauen!»*

- Diese Stufe baut ebenfalls auf Eigenverantwortung, der Staat regelt aber die Konsequenzen mit dem Strafrecht oder mit dem Zivilrecht, wo unter anderem der Schadenersatz geregelt ist.

3. *Die Eltern sagen: «Wir können nicht ständig zwischen euch schlichten. Ihr Kinder müsst euch einigen, wer wo spielen darf.»*

- Es existiert seit anderthalb Jahren eine Vereinbarung mit den SBB und der chemischen Industrie, unter welchen Bedingungen sehr gefährliche Güter wie Chlor oder Schwefeldioxid transportiert werden dürfen. Diese Vereinbarung ist auf Druck des UVEK zustande gekommen, das mit schärferen staatlichen Massnahmen drohte.

4. *Die Eltern sagen: «Laura spielt im Esszimmer, Luca im Wohnzimmer. Wir schauen immer wieder nach, ob ihr euch daran hält.»*

- Der Staat kann Vorschriften erlassen und sie entweder stichprobenweise oder lückenlos kontrollieren. Die Kontrollen können – wie bei Staudämmen – durch den Staat selber vorgenommen werden, oder – wie etwa bei elektrischen Haushaltgeräten – an Dritte delegiert werden: Einen Haarfön zum Beispiel kontrolliert ein externes Inspektorat.

5. *Die Eltern verbieten Luca, Fussball zu spielen*

- Die stärkste Massnahme des Staates ist, eine Tätigkeit ganz zu verbieten. (Als politische, aber meines Erachtens unlogische Zwischenlösung zwischen Leitplanken und Verbot ist gegenwärtig das Moratorium en vogue, beim Bau von Kernanlagen oder bei Freisetzungsversuchen mit gentechnisch veränderten Pflanzen.)

Diese Reihenfolge – zuerst Eigenverantwortung und am Schluss das staatliche Verbot – entspricht einer politischen Grundhaltung: Je mehr Gewicht und Autorität dem Staat zugebilligt wird, desto eher würde sie umgekehrt angegangen: Primat der Intervention des Staates, Subsidiarität der Eigenverantwortung.

Die Diskussion über die Kompetenzen von Staat und Individuum ist gleichzeitig auch die Diskussion um Freiheit und Sicherheit: Je mehr Gewicht der Freiheit zugestanden wird, desto eher trägt das Individuum Verantwortung, je wichtiger Sicherheit genommen wird, desto mehr Kompetenzen hat der Staat.

Die politische Diskussion darüber, welche Massnahme im Einzelfall angewendet werden soll, gibt also die jeweilige Gewichtung von Sicherheit und Freiheit wieder.

- Ein Konflikt zwischen Freiheit und Sicherheit, in den uns die Schuldenbremse zwingt, ist das Strassenbauprogramm 2003: Kann die N4 im Knonauer Amt plangemäss vorangetrieben werden oder ist der Ausbau des Sicherheitsprogramms in den Strassentunneln wichtiger?
- Ein anderer Konflikt: Natel-Easy wird systematisch und häufig für kriminelle Zwecke missbraucht. Sollen also die Benutzer registriert werden oder darf eine neue Kommunikationsform frei genutzt werden? Das EJPD, der Sicherheit verpflichtet, ist für Registrierung, das UVEK, welches die Kommunikation fördert, für Freiheit. Die Diskussion geht im Parlament weiter.

3.2 Inhaltliche Kriterien zur Organisation der Sicherheit

Die Strategie unseres Departementes richtet sich nach der Nachhaltigkeit, soll also den drei Zielen Wirtschafts-, Sozial- und Umweltverträglichkeit entsprechen. Die Sicherheit ist ein Element, das innerhalb der Sozial- und Umweltverträglichkeit angesiedelt ist.

Hundertprozentige Sicherheit gibt es nicht. Die Sicherheit muss der Freiheit Raum lassen, der Freiheit der Wirtschaft, aber auch – ganz im Sinne der Nachhaltigkeit – der Freiheit künftiger Generationen.

Wollen wir die kommenden Generationen gleichberechtigt mit der unseren behandeln, dürfen wir ihnen andererseits nur jene Risiken zumuten, die wir selber ebenfalls akzeptieren.

3.2.1 Entsorgung radioaktiver Abfälle

Radioaktive Abfälle sind nachhaltig zu entsorgen, also so zu lagern, dass sie nicht nur unserer, sondern allen kommenden Generationen keinen Schaden zufügen können. Wer diesen Entscheid verschiebt, wie dies bei uns der Fall ist, handelt nach der Devise «après nous le déluge!»

Wir dürfen unsere Verantwortung also nicht auf künftige Generationen verschieben in der Meinung, dass diese dann schon das Richtige tun würden. Aber wir dürfen ihnen auch nicht verunmöglichen, dereinst bessere Technologien anwenden zu können. Deswegen war im zweiten Konzept Wellenberg die Rückholbarkeit vorgesehen.

3.2.2 Genlex

Dürfen wir künftigen Generationen die Möglichkeit verbauen, Krankheiten, die heute unheilbar sind, morgen mit gentechnischen Methoden heilen zu können?

Umgekehrt gefragt und auf die Gentech-Forschung mit Pflanzen bezogen, die in meinem Departement angesiedelt ist: Dürfen wir unseren Nachkommen Pflanzen hinterlassen, deren Erbgut wir künstlich verändert haben? Es geht um Freisetzungsversuche mit gentechnisch veränderten Pflanzen und darum, ob diese erlaubt oder verboten sein sollen. Seit bald drei Jahren ringen National- und Ständerat bei der Genlex um eine Antwort. Und immer noch sind Fragen offen: Braucht es ein Verbot für die kommerzielle Verwendung genveränderter Organismen? Oder ein Moratorium? Oder genügen Leitplanken? Bei der Genlex steht die Forschungs- und Handelsfreiheit gegen das Sicherheitsbedürfnis.

3.2.3 Beweislast

Als Argument für die Bedenkenlosigkeit von Eingriffen in die Natur wird immer wieder genannt: «Es ist nicht bewiesen!» – zum Beispiel, dass Autoabgase und CO_2 Ausstoss für die Klimaveränderung ursächlich sind.

Wer die Verantwortung auch für Sicherheit kommender Generationen organisieren will, muss anders fragen: Wer in die Natur eingreift und damit die Sicherheit anderer gefährden könnte, hat zu beweisen, dass sein Verhalten nicht ursächlich für einen möglichen Schaden sein kann.

3.3 Einzelne Massnahmen zur Förderung der Sicherheit

3.3.1 Das Risiko benennen

> *Luca: «Es kann ja gar nichts geschehen, wenn ich vorsichtig tschutte!» – Aber wir wissen mit den Eltern: «Wenn du tschuttest, kann etwas geschehen!»*

Wir haben die Pflicht, Risiken zu erkennen, sie zu benennen und zu analysieren. Das mag wie eine Selbstverständlichkeit klingen, ist es aber nicht.

- Wir wissen aus der Präventivmedizin, dass einer Seuche erst beigekommen werden kann, wenn sie nicht verleugnet bzw. tabuisiert wird.
- Der Brand einer Sandoz-Lagerhalle in Schweizerhalle 1986 war für die schweizerische Sicherheitspolitik bestimmend: In der folgenden Session wurden insgesamt 66 parlamentarische Vorstösse zum Brandfall Schweizerhalle eingereicht – von Schutzmasken für die Bevölkerung bis zur Forderung nach dem Restrisiko Null. Das Resultat war eine intensive Auseinandersetzung mit den Risiken von Chemieanlagen und die Feststellung: Es braucht gesetzliche Vorgaben zur Katastrophenvorsorge. Heute haben wir die Störfallverordnung. In der Schweiz wurde so auf politischer Ebene eine gezielte Risikodiskussion eingeleitet.

Zu solchen Risikodiskussionen gehören Wahrscheinlichkeitsrechnungen. Alle beinhalten sie auch das Risiko einer gewissen Anzahl von Verletzten und Toten. Nur mit geöffneten Augen können wir Sicherheit überhaupt aufgeklärt organisieren.

3.3.2 Fehlerkultur

> *Luca tschuttet mittlerweile im Garten. Als er wirklich nur ganz sachte einen Penalty übt, geht Nachbars Fensterscheibe unerklärlicherweise in Brüche. Der Nachbar ist ein lieber ruhiger Mann und redet Berndeutsch. Luca kann ihm also sein Missgeschick beichten. «Aber nöd am Papi säge!» Wie ganz anders wäre es, wenn der Mann einen aggressiven Dialekt sprechen würde und Luca Angst haben müsste, zusammengeschlagen oder denunziert zu werden.*

Die Angst vor Strafe und Schande kann von der Meldung eines Fehlers abhalten und damit dessen Analyse verunmöglichen. In riskanten Branchen – in Spitälern zum Beispiel, bei den Bahnen oder in der Aviatik – wird heute eine Fehlerkultur praktiziert und systematisch gepflegt. Das dient der Schärfung der Eigenverantwortung: Wer Fehler begeht, lädt weniger Schuld auf sich, als jener, der den Fehler vertuscht.

- Bei den SBB gehört die Diskussion über Fehler und Fast-Fehler zum Alltag eines Lokomotivführers, und es gibt Sicherheitszirkel, wo Rangierarbeiter über gefährliche Situationen berichten können, ohne Sanktionen befürchten zu müssen.
- In der internationalen Luftfahrt nennt man die Fehlerkultur *«No blame Culture»* und anerkennt so, dass Vorwürfe das Vertuschen von Fehlern fördern, Lernchancen hingegen verhindern. Ab dem Jahr 2005 wird in Flugzeugen weltweit ein Gerät eingebaut sein, das alle Flugdaten aufzeichnet und auswertet. Das Resultat dient einzig und allein der Verbesserung der Flugsicherheit, eine Bestrafung der beteiligten Piloten steht – sofern nicht ein wirklich gravierender Vorfall vorliegt – nicht zur Diskussion.
- (Ich wünschte mir einen emanzipierten Umgang mit Fehlern auch in der Politik. Hier wird die nachträgliche Neubewertung eines Entscheides oft nicht als Neugewichtung von vernünfti-

gen Gedankengängen bewertet, sondern verhöhnt: als Versagen, als Schmach und als Eingeständnis des Scheiterns.)

3.3.3 Schulung

Komm, sagt der Berner Nachbar mit dem zerbrochenen WC-Fenster, ich zeig dir, wie man einen Fussball behandelt, mit dem Innenrist nicht mit dem Fussspitz. So kannst du ihn viel kontrollierter lenken.

Der Mensch macht Fehler, er hat aber auch die Fähigkeit, aus Fehlern zu lernen. Er muss, so weit es möglich ist, geschult werden. Daher gibt es Patente und Ausweise für Ärzte, Anwälte, Piloten. Nur Bundesräte sind so ungefährlich, dass sie keine Ausbildung brauchen.

- Das revidierte Strassenverkehrsgesetz enthält solche Schulungselemente: Ab dem Jahr 2005 wird der Fahrausweis nur noch auf Probe abgegeben. Neulenker haben in den ersten drei Jahren Weiterbildungskurse zu besuchen, bei denen besonders geübt wird, Gefahren zu erkennen und richtig darauf zu reagieren.
- Eine Konsequenz aus dem Unfall im Gotthardtunnel war: Wenn die Autofahrer wissen, wie sie sich bei einem Brand zu verhalten haben, können Leben gerettet werden. Das ASTRA verteilt deshalb solche Verhaltenregeln in elf Sprachen und per Flugblatt.

3.3.4 Zuordnung der Verantwortung

Die ganze Verwandtschaft ist zu Besuch gekommen, Grosseltern, Onkel, Tanten, Patinnen und Cousins. Zwar sind dreimal mehr Erwachsene als Kinder im Haus – doch schon nach fünf Minuten landet der Fussball in Lauras Puppen-

stube. Mami sagt, sie habe gedacht, Papi passe auf die Kinder auf, Papi soll gedacht haben, die Grossmutter schaue dann schon. In Wirklichkeit hat gar niemand etwas gedacht.

Ulrich Beck hat den Begriff der «organisierten Unverantwortlichkeit» geprägt: Die Verantwortlichkeiten sind zwar geregelt, doch sie überschneiden sich: Jeder ist ein bisschen verantwortlich. Das führt dazu, dass sich keiner mehr für das Ganze verantwortlich fühlt.

Vor sechs Jahren ereignete sich auf der Riederalp ein Seilbahnunglück. Verantwortlich für die Sicherheit der Bahn waren: 1. der Hersteller der Anlage, 2. der Betreiber und 3. die staatliche Aufsichtsbehörde.

Die staatliche Aufsichtsbehörde macht Stichproben. Der Hersteller verlässt sich darauf, dass ja noch eine staatliche Behörde prüft, was er da baut. Der Betreiber geht davon aus, dass bei der Abnahme des Betriebes der Staat auch die letzte Schraube prüfe. Solche unklare Verantwortlichkeiten gilt es zu entflechten.

Die Aufgabe des Staates besteht einerseits darin, die Anforderungen an die Sicherheit zu definieren: Was muss welchen Standards entsprechen? Zum anderen muss der Staat die Kontrolle darüber, ob diese Standards eingehalten werden, organisieren.

Die Analyse des Seilbahnunglücks auf der Riederalp hat in unserem Departement zum Projekt einer Sicherheitsagentur geführt.

Mit der Sicherheitsagentur möchten wir für alle Bereiche des UVEK festlegen, nach welchem Verfahren die Sicherheitsaufsicht funktionieren soll. Grundsätzlich steht die Eigenverantwortung der Hersteller und Betreiber im Vordergrund. Wo dies nicht zweckmässig ist, soll ein unabhängiges, privates Unternehmen überprüfen, ob der Nachweis der Sicherheit, wie er vom Hersteller und Betreiber erbracht wurde, nachvollziehbar ist.

Der Staat prüft nur noch, ob die Unternehmen richtig arbeiten. Bei besonders grossen Gefahren dürfen wir gar kein Risiko eingehen: Dort soll der Staat selber umfassend kontrollieren, beispielsweise bei Kernanlagen oder Staudämmen.

Diese Reorganisationspläne sind in der Vernehmlassung auf Opposition gestossen – weil sie kosten, aber vor allem, weil sie bisherige Zuständigkeiten neu regeln (kantonale Strassenverkehrsämter).

Doch wir halten am Projekt fest. Wir tun das, weil die Kontrolle mit der Entwicklung neuer Techniken Schritt zu halten hat. Das ist auch nötig: Die Zahl von Anlagen, Fahrzeugen und Geräten nimmt rasant zu und diese werden immer komplizierter. Um die Kontrolle auch in Zukunft garantieren zu können, braucht es eine Entflechtung und eine klare Zuteilung der Verantwortlichkeiten.

3.3.4.1 Interessenkollisionen

Dazu gehört auch das Erkennen und Vermeiden von Interessenkollisionen. Zum Beispiel:

- Das Bundesamt für Verkehr hat die Aufgabe, den öffentlichen Verkehr zu fördern und tut dies unter anderem, indem es Gelder für den Bau und Betrieb von Bahnen bereitstellt. Gleichzeitig ist das BAV für die Sicherheit verantwortlich. Das Geld für die Sicherheit stammt aus demselben Topf wie die Förderung. Während sich also die eine Seele in der Brust des BAV für möglichst raschen Bau und kostengünstigen Betrieb einsetzt, kümmert die andere Seele die Sicherheit. Darum wollen wir mit der Sicherheitsagentur auch Interessenkollisionen entflechten.

4 Notwendigkeit, die zivile Sicherheit global zu organisieren

Die Verwandtschaft hat sich verabschiedet. Laura und Luca haben sich abgesprochen: Laura spielt im Haus mit der Puppenstube, Luca übt vor dem Garagentor Fussball. Doch jugendliche Horden aus dem Quartier – sie haben natürlich alle keine Weihnachtsgeschenke erhalten – stören die Idylle. Sie nehmen Luca den Fussball weg und verprügeln ihn.

All die Probleme, die sich im kleinen Familienkreis stellen, wiederholen sich innerhalb eines Staates und dann innerhalb der Staatengemeinschaft.

So, wie die Menschen ihre Familien und den Staat gestaltet haben, ist es heute nötig, die Welt zu gestalten. Wir brauchen verlässliche internationale Strukturen für eine globale zivile Sicherheit.

- Zur Sicherheit gehört der Schutz vor Naturgewalten. Überschwemmungen, Stürme wie Lothar und warme, schneearme Winter sind Anzeichen einer globalen Klimaänderung. Wir müssen davon ausgehen: Sie wird vom Menschen verursacht, weltweit durch den Ausstoss von Treibhausgasen. Diese halten sich nicht an Landesgrenzen. Kein Land kann die Klimaveränderung im Alleingang stoppen. Es braucht internationale Übereinkommen wie das Kyoto-Protokoll.

- Das Öl des Tankers «Prestige», der von einer Firma mit Sitz in der Schweiz gechartert, von Filippinos gelenkt, auf den Bahamas registriert und im Besitz einer liberianischen Firma sein soll, stammt aus Russland, verschmutzt die spanische und französische Küste – und im Restaurant Lipp bricht der Austernkonsum zusammen. Wie viele Nationen am Unglück beteiligt sind, ist heute noch unklar. Klar ist: Die bestehenden Kontroll-Instrumente genügen nicht. Sie auszubauen kann nur auf internationalem Weg gelingen.

- Internationale Abkommen braucht es auch bei der Kernkraft. Die Reaktorkatastrophe in Tschernobyl 1986 hat zu diversen Übereinkommen geführt. Heute haben über 60 Staaten diese Übereinkommen unterzeichnet, darunter alle grossen Kernenergiestaaten.

So, wie einst der Staat der Familie übergeordneten Schutz hat geben können, so sind heute die Nationen auf die Staatengemeinschaft angewiesen.

5 Tempora mutantur

Wie der Mensch Sicherheit organisiert, welchen Stellenwert er ihr zubilligt und wem er die Verantwortung zuordnet, hat sich über Jahrtausende hinweg gewandelt. Das Pendel schwingt auch in den von uns überblickbaren Zeiträumen zwischen Wahlen hin und her. Einmal soll der Staat verantwortlich sein, einmal die Wirtschaft, einmal der einzelne Mensch. Die Verantwortung für die Sicherheit der Menschen ist also dort, wo die jeweilige Gesellschaft sie ansiedelt. Die Diskussion um ihren Stellenwert ist die Aufgabe der Politik.

Luca übt Fussball vor der Garage. Der Nachbar kommt auf Wunsch von Papi gelegentlich vorbei, um zum Rechten zu schauen. Der Onkel aus der Romandie schimpft, das sei falsch: Papi habe alles zu verbieten, er sei der Patron. Laura hat die Puppen zu sich ins Bett genommen. Mami hat eine unzerbrechliche Aluminiumvase gekauft. Im Quartierverein diskutieren sie, ob nicht alle einen Fussball haben sollten, ein Weissbuch wurde erstellt und eine Resolution verabschiedet.

Und so streiten sie alle fröhlich weiter darüber, was wichtiger ist: Puppen zu schützen oder Fussball zu spielen.

JOSEPH S. NYE JR.

THE INFORMATION REVOLUTION AND AMERICAN POWER IN THE 21ST CENTURY[1]

A NEW WORLD POLITICS

Although it has become common parlance that we are in the midst of an "information revolution" at the beginning of the 21st century, its effects on states and governments are more controversial. Some argue that the information revolution is bringing an end to the hierarchical bureaucratic organizations that typified the age of the first two industrial revolutions. In civil societies, as decentralized organizations and virtual communities develop on the Internet, they cut across territorial jurisdictions and develop their own patterns of governance. Internet guru ESTHER DYSON portrays a global society of the connected being overlaid on traditional local geographical communities.[2]

If these prophets are right, the result would be a new cyber-feudalism, with overlapping communities and jurisdictions laying claims to multiple layers of citizens' identities and loyalties. In short, these transformations suggest the reversal of the modern centralized state that has dominated world politics for the past three and a half centuries. A medieval European might have owed equal loyalty to a local lord, a duke, a king, and the Pope. A future European might owe loyalty to Brittany, Paris, and Brussels, as well as to several cyber-communities concerned with religion, work, and various hobbies.

---

1 This lecture draws upon my recent book, The Paradox of American Power (Oxford University Press, 2002).

2 ESTHER DYSON, Release 2.1: A Design for Living in the Digital Age, (New York: Broadway Books, 1998).

While the system of sovereign states is still the dominant pattern in international relations, we can discern a pattern of crosscutting communities and governance that bears some resemblance to the situation before the Peace of Westphalia formalized the state system in 1648. Transnational contacts across political borders were typical in the feudal era but gradually became constrained by the rise of centralized nation-states. Now sovereignty is changing. Three decades ago, transnational contacts were already growing, but they involved relatively small numbers of elites involved in multinational corporations, scientific groups, and academic institutions. Now the Internet, because of its low costs, is opening transnational communications to many millions of people.

The issue of sovereignty is hotly contested in American foreign policy today. The sovereigntists, closely allied with the new unilateralists, resist anything that seems to diminish American autonomy.[3] They worry about the political role of the United Nations in limiting the use of force, the economic decisions handed down by the World Trade Organization, and efforts to develop environmental institutions and treaties. In their eyes, the notion of an international community of opinion is illusory.

Even excluding the fringe groups that believe the United Nations has black helicopters ready to swoop into American territory, the debate over the fate of the sovereign state has been poorly framed. Current discussions focus on challenges to the system of states only in terms of "entities that are institutionally substitutable for the state."[4] A better historical analogy is the development of markets and town life in the early feudal period. Medieval trade fairs were not substitutes for the institutions of feudal authority. They did not tear down the castle walls or remove the local lord,

3 Peter Spiro, "The New Sovereigntists", *Foreign Affairs*, Vol. 79, No. 6, (November/December 2000), pp. 9–15.

4 John G. Ruggie, "Territoriality and Beyond: Problematizing Modernity in International Relations", *International Organization*, Vol. 47, No. 1, (Winter 1993), p. 143 and p. 155.

but they did bring new wealth, new coalitions, and new attitudes summarized by the maxim "Town air brings freedom."

Medieval merchants developed the *lex mercatoria,* which governed their relations, largely as a private set of rules for conducting business.[5] Similarly today, a range of individuals and entities, from hackers to large corporations, are developing the code and norms of the Internet partly outside the control of formal political institutions. The development of transnational corporate intranets behind firewalls and encryption "represent private appropriations of a public space."[6] Private systems, such as corporate intranets or worldwide newsgroups devoted to specific issues like the environment, do not frontally challenge the governments of sovereign states; they simply add a layer of relations that sovereign states do not effectively control. Citizens will participate in transnational Internet communities without ceasing to be loyal to their states, but their perspectives will be broader than before the Internet came into existence.

Or consider the shape of the world economy, in which a nation's strength is usually measured by its imports and exports from other sovereign nations. Such trade flows and balances still matter, but the decisions on what to produce and whether to produce it at home or overseas are increasingly made within the domains of transnational corporations. Some American companies, such as Nike, produce virtually none of their products inside the US, although intangible design and marketing work is completed there. In the 1990s, declining information and telecommunications costs allowed firms to broaden the geographic dispersion of their operations. Imports and exports now provide a very incomplete picture of global economic linkages. For example, overseas produc-

5 Henry H. Perrritt Jr., "The Internet as a Threat to Sovereignty?" *Indiana Journal of Global Legal Studies,* (Spring 1998), p. 426.

6 Saskia Sassen, "On the Internet and Sovereignty", *Indiana Journal of Global Legal Studies,* (Spring 1998), p. 551.

tion by American transnational corporations was more than twice the value of American exports; sales by foreign-owned companies inside the United States were nearly twice the value of imports.[7] If we restrict our images to billiard ball states, we miss this layer of reality.

Even in the age of the Internet, the changing role of political institutions is likely to be a gradual process. After the rise of the territorial state, other successors to medieval rule such as the Italian city-states and the Hanseatic League persisted as viable alternatives, able to tax and fight for nearly two centuries.[8] Today, the Internet rests on servers located in specific nations, and various governments' laws affect access providers. The real issue is not the continued existence of the sovereign state, but how its centrality and functions are being altered. All countries, including the United States, are facing a growing list of problems that are difficult to control within sovereign boundaries – financial flows, drug trade, climate change, AIDS, refugees, terrorism, cultural intrusions – to name a few. Complicating the task of national governance is not the same as undermining sovereignty. Governments adapt. In the process of adaptation, however, they change the meaning of sovereign jurisdiction, control, and the role of private actors.

National security – the absence of threat to a country's major values – is changing. Damage done by climate change or imported viruses can be larger in terms of money or lives lost than the effects of some wars. Even if one frames the definition of national security more narrowly, the nature of military security is changing. As the US Commission on National Security in the Twenty-first Century pointed out, the United States has not been invaded

7 JOSEPH QUINLAN and MARC CHANDLER, "The U.S. Trade Deficit: A Dangerous Illusion", *Foreign Affairs*, Vol. 80, No. 3, (May/June 2001), p. 92 and p. 95.

8 HENDRYK SPRUYT, The Sovereign State and Its Competitors, (Princeton: Princeton University Press, 1994).

by foreign armies since 1814, and the military is designed to project force and fight wars far from our shores. But the military is not well equipped to protect us against an attack on our homeland by terrorists wielding weapons of mass destruction or mass disruption or even hijacked civil aircraft.[9] Thus in July 2001, the secretary of defense, DONALD RUMSFELD, dropped from the Pentagon's planning priorities the ability to fight two major regional conflicts and elevated homeland defense to a higher priority. As the US discovered only a few months later, however, military measures are not a sufficient solution to its vulnerabilities.

Today, attackers may be governments, groups, individuals, or some combination. They may be anonymous and not even come near the country. In 1998, when Washington complained about seven Moscow Internet addresses involved in the theft of Pentagon and NASA secrets, the Russian government replied that phone numbers from which the attacks originated were inoperative. The US had no way of knowing whether the government had been involved or not. More than 30 nations have developed aggressive computer-warfare programs, but as anyone with a computer knows, any individual can also enter the game. With a few keystrokes, an anonymous source anywhere in the world might break into and disrupt the power grids of American cities.[10] US government firewalls are not enough. Every night American software companies send work electronically to India, where software engineers can work while Americans sleep and send it back the next morning. Someone outside our borders could also embed trapdoors deep in computer code for use at a later date. Nuclear deterrence, border patrols, and stationing troops overseas to shape regional power balances will continue to matter in the information age, but they will not be sufficient to provide national security.

---

9 U.S. Commission on National Security in the Twenty-first Century, Road Map for National Security: Imperative for Change (http://www.nssg.gov/PhaseIIIFR.pdf), Chapter 1.

10 JAMES ADAMS, "Virtual Defense", *Foreign Affairs*, Vol. 80, No. 3, (May/June 2001), pp. 98–112.

Competing interpretations of sovereignty also arise in the domain of law. Since 1945, human rights provisions have coexisted in the charter of the United Nations alongside provisions that protect the sovereignty of states. Article 2.7 says that nothing shall authorize the United Nations to intervene in matters within domestic jurisdictions. Yet the development of a global norm of antiracism and repugnance at the South African practice of apartheid led large majorities at the UN to abridge this principle. More recently, the NATO intervention in Kosovo was the subject of hot debate among international lawyers, with some claiming it was illegal because it was not explicitly authorized by the UN Security Council and others arguing that it was legal under the evolving body of international humanitarian law.[11] The 1998 detention of General AUGUSTO PINOCHET in the United Kingdom in response to a Spanish request for extradition based on human rights violations and crimes committed while he was president of Chile is another example of this complexity. In 2001, a magistrate in Paris tried to summon former US secretary of state HENRY KISSINGER to testify in a trial related to Chile.

Information technology, particularly the Internet, has eased the tasks of coordination and strengthened the hand of human rights activists, but political leaders, particularly in formerly colonized countries, cling to the protections that legal sovereignty provides against outside interventions. The world is likely to see these two partly contradictory bodies of international law continue to coexist for years to come, and Americans will have to wrestle with these contradictions as we decide how to promote human rights and when to intervene in conflicts for humanitarian reasons.

For many people, the national state provides a source of political identity that is important to them. People are capable of multiple

11 ADAM ROBERTS, "The So-called 'Right' of Humanitarian Intervention", Yearbook of International Humanitarian Law, (Summer 2001).

identities – family, village, ethnic group, religion, nationality, and cosmopolitan – and which predominates often depends on the context.[12] In many preindustrial countries, subnational identities (tribe or clan) prevail. In some postindustrial countries, including the United States, cosmopolitan identities such as "global citizen" or "custodian of planet Earth" are beginning to emerge. Since large identities (such as nationalism) are not directly experienced, they are "imagined communities" that depend very much on the effects of communication.[13] It is still too early to understand the full effects of the Internet, but the shaping of identities can move in contradictory directions at the same time – up to Brussels, down to Brittany, or fixed on Paris – as circumstances dictate.

The result may be greater volatility rather than consistent movement in any one direction. The many-to-many and one-to-many characteristics of the Internet seem "highly conducive to the irreverent, egalitarian, and libertarian character of the cyber-culture." One effect is "flash movements" – sudden surges of protest – triggered by particular issues or events, such as anti-globalization protests or the sudden rise of the anti-fuel-tax coalition that captured European politics in the autumn of 2000.[14] Politics becomes more theatrical and aimed at global audiences. The Zapatista rebels in Mexico's Chiapas state relied less on bullets than on transnational publicity, much of it coordinated on the Internet, to pressure the Mexican government. The political scientist JAMES ROSENAU argues that both integration toward larger identities and fragmentation into smaller communities can occur at the same time. These trends do not spell the end of the sovereign state, but they do make its politics more volatile and less self-contained within national shells.

---

12 HAROLD GUETZKOW, Multiple Loyalties: Theoretical Approach to a Problem in International Organization, (Princeton: Princeton University Press, 1955).

13 BENEDICT ANDERSON, Imagined Communities: Reflections on the Origin and Spread of Nationalism, (New York: Verso, 1991).

14 NORRIS, The Digital Divide, p. 191.

Private organizations also increasingly cross national boundaries. Transnational religious organizations opposed to slavery date back to 1775, and the nineteenth century saw the founding of the Socialist International, the Red Cross, peace movements, women's suffrage organizations, and the International Law Association, among others. Before World War I, there were 176 international nongovernmental organizations. In 1956, they numbered nearly a thousand; in 1970, nearly two thousand. More recently, there has been an explosion in the number of NGOs, increasing to approximately 26,000 during the 1990s alone. Many claim to act as a "global conscience" representing broad public interests beyond the purview of individual states, or interests that states are wont to ignore. They develop new norms by directly pressing governments and business leaders to change policies, and indirectly by altering public perceptions of what governments and firms should be doing. In terms of power resources, these new groups rarely possess much hard coercive power, but the information revolution has greatly enhanced their *soft power* – the power of attraction that is associated with ideas, cultures, and policies.

Not only is there a great increase in the number of transnational and governmental contacts, but there has also been a change in type. Earlier transnational flows were heavily controlled by large bureaucratic organizations such as multinational corporations or the Catholic Church that could profit from economies of scale. Such organizations remain important, but the lower costs of communication in the Internet era have opened the field to loosely structured network organizations with small staffs. These nongovernmental organizations and networks are particularly effective in penetrating states without regard to borders. The treaty banning land mines was the result of an interesting coalition of Internet-based organizations working with middle-power governments, such as Canada, and some individual politicians and celebrities, including the late Princess Diana. Environmental issues are another example. The role of NGOs was important as a channel of communication across delegations in the global warming discussions at Kyoto in 1997. Industry, unions, and NGOs competed in Kyoto for the attention of media from major countries in a transnational struggle over the agenda of world politics.

Geographical communities and sovereign states will continue to play a major role in world politics for a long time to come, but they will be less self-contained and more porous. They will have to share the stage with actors who can use information to enhance their soft power and press governments directly, or indirectly by mobilizing their publics. Governments that want to see rapid development will find that they have to give up some of the barriers to information flow that historically protected officials from outside scrutiny. No longer will governments that want high levels of development be able to afford the comfort of keeping their financial and political situations inside a black box, as Burma and North Korea have done. That form of sovereignty proves too expensive. Even large countries with hard power, such as the US, find themselves sharing the stage with new actors and having more trouble controlling their borders. Cyberspace will not replace geographical space and will not abolish state sovereignty, but like the town markets in feudal times, it will coexist with them and greatly complicate what it means to be a sovereign state or a powerful country.

American Power in the 21st Century

No discussion of contemporary world politics can be complete without addressing the issue of America's role. It is true that no nation since Rome has held as much relative power as the United States does today, but even Rome eventually collapsed. Only a decade ago, the conventional wisdom lamented an America in decline. Bestseller lists featured books that described America's fall. Japan would soon become "Number One." That view was wrong at the time and America's power continued to increase. But the new conventional wisdom that America is invincible is equally dangerous if it leads to a foreign policy that combines unilateralism, arrogance and parochialism.

A number of adherents of "realist" international-relations theory have also expressed concern about America's staying power. Throughout history, coalitions of countries have arisen to balance dominant powers, and the search for traditional shifts in the balance of power and new state challengers is well under way. Some see China as the new enemy; others envisage a Russia-China-India coalition as the threat. But even if China maintains high growth rates of 6% while the United States achieves only 2%, it will not equal the United States in income per head (measured in purchasing-power parity) until the last half of the century.

Still others see a uniting Europe as a potential federation that will challenge the United States for primacy. But this forecast depends on a high degree of European political unity, and a low state of transatlantic relations. Although realists raise an important point about the leveling of power in the international arena, their quest for new cold-war-style challengers is largely barking up the wrong tree. They are ignoring deeper changes in the distribution and nature of power in an age where a global network of non-state actors took more American lives on September 11, 2001 than Japan did with its attack on Pearl Harbor sixty years earlier.

The Changing Nature of Power

At first glance, the disparity between American power and that of the rest of the world looks overwhelming. In terms of military power, the United States is the only country with both nuclear weapons and conventional forces with global reach. American military expenditures are greater than those of the next eight countries combined, and it leads in the information-based "revolution in military affairs". In economic size, America's 31% share of world product (at market prices) is equal to the next four countries combined (Japan, Germany, Britain and France). In terms of cultural prominence, the United States is far and away the number-one film and television exporter in the world. It also attracts the most foreign students each year to its colleges and universities.

After the collapse of the Soviet Union, some analysts described the resulting world as uni-polar, others as multi-polar. Both are wrong, because each refers to a different dimension of power that can no longer be assumed be equated with military, or even economic dominance. Uni-polarity exaggerates the degree to which the United States is able to get the results it wants in some dimensions of world politics, but multi-polarity implies, wrongly, several roughly equal countries.

Instead, power in a global information age is distributed among countries in a pattern that resembles a complex three-dimensional chess game. On the top chessboard, military power is largely uni-polar. To repeat, the United States is the only country with both intercontinental nuclear weapons and large state-of-the-art air, naval and ground forces capable of global deployment. But on the middle chessboard, economic power is multi-polar, with the United States, Europe and Japan representing two-thirds of world product, and with China's dramatic growth likely to make it the fourth big player. On this economic board, the United States is not a hegemon, and must often bargain as an equal with Europe.

The bottom chessboard is the realm of transnational relations that cross borders outside government control. This realm includes actors as diverse as bankers electronically transferring sums larger than most national budgets at one extreme, and terrorists transferring weapons or hackers disrupting Internet operations at the other. On this bottom board, power is widely dispersed, and it makes no sense to speak of uni-polarity, multi-polarity or hegemony. Those who recommend a hegemonic American foreign policy based on such traditional descriptions of American power are relying on woefully inadequate analysis. When you are in a three-dimensional game, you will lose if you focus only on the top board and fail to notice the other boards and the vertical connections among them.

Globalization, the Information Revolution and American Power

Because of its leading position in the information revolution and its past investment in traditional power resources, the United States will probably remain the world's most powerful single country well into this new century. While potential coalitions to check American power could be created, it is unlikely that they would become firm alliances unless the United States handles its hard coercive power in an overbearing unilateral manner that undermines its soft or attractive power – the important ability to get others to want what you want.

As JOSEF JOFFE, editor of *Die Zeit*, has written, "Unlike centuries past, when war was the great arbiter, today the most interesting types of power do not come out of the barrel of a gun." Today there is a much bigger payoff in "getting others to want what you want", and that has to do with cultural attraction and ideology, along with agenda-setting and economic incentives for co-operation. Soft power is particularly important in dealing with issues arising from the bottom chessboard of transnational relations.

The real challenges to American power in the 21st century are likely to come from non-state actors and the temptation to act unilaterally may ultimately weaken the United States. The contemporary information revolution and the globalization that goes with it are transforming and shrinking the world. At the beginning of this new century, these two forces have combined to increase American power. But, with time, technology will spread to other countries and peoples, and America's relative pre-eminence will diminish. For example, today the American twentieth of the global population represents more than half the Internet. In a decade or two, Chinese will probably be the dominant language of the Internet.

At the end of the cold war, many observers were haunted by the specter of the return of American isolationism. But in addition to the historic debate between isolationists and internationalists, there was a split within the internationalist camp between unilateralists and multilateralists. Some, like the columnist CHARLES KRAUTHAMMER, urge a "new unilateralism" whereby the United States refuses to play the role of "docile international citizen" and unashamedly pursues its own ends. They speak of a uni-polar world because of America's unequalled military power. But military power alone cannot produce the outcomes Americans want on many of the issues that matter to their safety and prosperity.

As an assistant secretary of defense in 1994–95, I would be the last to deny the importance of military security. It is like oxygen. Without it, all else pales. America's military power is essential to global stability and an essential part of the response to terrorism. But the metaphor of war should not blind us to the fact that suppressing terrorism will take years of patient, unspectacular civilian co-operation with other countries. The military success in Afghanistan dealt with the easiest part of the problem, and al-Qaeda retains cells in some 50 countries. Rather than proving the unilateralists' point, the partial nature of the success in Afghanistan illustrates the continuing need for co-operation.

The problem for Americans in the 21st century is that more and more things fall outside the control of even the most powerful state. Although the United States does well on the traditional measures, there is increasingly more going on in the world that those measures fail to capture. Under the influence of the information revolution and globalization, world politics is changing in a way that means Americans cannot achieve all their international goals by acting alone. For example, international financial stability is vital to the prosperity of Americans, but the United States needs the co-operation of others to ensure it. Global climate change too will affect Americans' quality of life, but the United States cannot manage the problem alone. And in a world where borders are becoming more porous to everything from drugs to infectious diseases to terrorism, America must mobilize international coalitions to address shared threats and challenges.

New Threats

In light of these new circumstances, how should the only superpower guide its foreign policy in a global information age? Some Americans are tempted to believe that the United States could reduce its vulnerability if it withdrew troops, curtailed alliances and followed a more isolationist foreign policy. But isolationism would not remove the vulnerability. The terrorists who struck on September 11th were not only dedicated to reducing American power, but wanted to break down what America stands for. Even if the United States had a weaker foreign policy, such groups would resent the power of the American economy, which would still reach well beyond its shores. American corporations and citizens represent global capitalism, which some see as anathema.

Moreover, American popular culture has a global reach regardless of what the government does. There is no escaping the influence of Hollywood, CNN and the Internet. American films and television express freedom, individualism and change, but also sex and violence. Generally, the global reach of American culture helps to enhance America's soft power. But not, of course, with everyone. Individualism and liberties are attractive to many people but repulsive to some, particularly fundamentalists. American feminism, open sexuality and individual choices are profoundly subversive of patriarchal societies. But those hard nuggets of opposition are unlikely to catalyze broad hatred unless the United States abandons its values and pursues arrogant and overbearing policies that let the extremists appeal to the majority in the middle.

On the other hand, those who look at the American preponderance, see an empire, and urge unilateralism, risk an arrogance that alienates America's friends. Granted, there are few pure multilateralists in practice, and multilateralism can be used by smaller states to tie the United States down like Gulliver among the Lilliputians, but this does not mean that a multilateral approach is not generally in America's interests. By embedding its policies in a multilateral framework, the United States can make its disproportionate power more legitimate and acceptable to others. No large power can afford to be purely multilateralist, but that should be the starting point for policy. And when that great power defines its national interests broadly to include global interests, some degree of unilateralism is more likely to be acceptable. Such an approach will be crucial to the longevity of American power.

At the moment, the United States is unlikely to face a challenge to its pre-eminence from other states unless it acts so arrogantly that it helps the others to overcome their built-in limitations. The greater challenge for the United States will be to learn how to work with other countries to control more effectively the non-state actors that will increasingly share the stage with nation-states. How to control the bottom chessboard in a three-dimensional game, and how to make hard and soft power reinforce each other are the key foreign policy challenges. As Henry Kissinger has argued, the test of history for this generation of American leaders will be whether they can turn the current predominant power into an international consensus and widely-accepted norms that will be consistent with American values and interests as America's dominance ebbs later in the century. And that cannot be done unilaterally.

Rome succumbed not to the rise of a new empire, but to internal decay and a death of a thousand cuts from various barbarian groups. While internal decay is always possible, none of the commonly cited trends seem to point strongly in that direction at this time. Moreover, to the extent it pays attention, the American public is often realistic about the limits of their country's power. Nearly two-thirds of those polled oppose, in principle, the United States acting alone overseas without the support of other countries. The American public seems to have an intuitive sense for soft power, even if the term is unfamiliar.

On the other hand, it is harder to exclude the barbarians. The dramatically decreased cost of communication, the rise of transnational domains that cut across borders, and the "democratization" of technology that puts massive destructive power into the hands of groups and individuals, all suggest dimensions that are historically new. In the last century, Hitler, Stalin and Mao needed the power of the state to wreak great evil. As the Hart-Rudman Commission on National Security observed last year, "Such men and women in the 21st century will be less bound than those of the 20th by the limits of the state, and less obliged to gain industrial capabilities in order to wreak havoc ... Clearly the threshold for small groups or even individuals to inflict massive damage on those they take to be their enemies is falling dramatically."

Since this is so, national security takes on a new importance and a new meaning. If such groups were to obtain nuclear materials and produce a series of events involving great destruction or great disruption of society, American attitudes might change dramatically, though the direction of the change is difficult to predict. Faced with such a threat, a certain degree of unilateral action, such as the war in Afghanistan, is justified if it brings global benefits. After all, the British navy reduced the scourge of piracy well before international conventions were signed in the middle of the 19th century.

The Paradox of American Power

The United States is well placed to remain the leading power in world politics well into the 21st century. This prognosis depends upon assumptions that can be spelled out. For example, it assumes that the American economy and society will remain robust and not decay; that the United States will maintain its military strength, but not become over-militarized; that Americans will not become so unilateral and arrogant in their strength that they squander the nation's considerable fund of soft power; that there will not be some catastrophic series of events that profoundly transforms American attitudes in an isolationist direction; and that Americans will define their national interest in a broad and far-sighted way that incorporates global interests.

The information revolution, technological change and globalization will not replace the nation-state but will continue to complicate the actors and issues in world politics. The paradox of American power in the 21st century is that the largest power since Rome cannot achieve its objectives unilaterally in a global information age.

Joseph S. Nye Jr.

Informationsrevolution und amerikanische Macht im 21. Jahrhundert

Eine neue Weltpolitik

Dass wir am Anfang des 21. Jahrhunderts in einer Informationsrevolution stehen, ist ein Gemeinplatz geworden; weniger einig ist man sich über die Auswirkungen dieser Revolution auf Staaten und Regierungen. Einige sind der Auffassung, mit der Informationsrevolution sei das Schicksal der hierarchischen, bürokratischen Organisationen besiegelt, die das Zeitalter der ersten beiden industriellen Revolutionen charakterisierten. Wo in hoch entwickelten Gesellschaften über das Internet dezentralisierte Organisationen und virtuelle Gemeinschaften aufkommen, ziehen sie sich quer durch territoriale Rechtseinheiten und bilden ihre eigenen Leitungsstrukturen aus. So entwirft Esther Dyson, eine Internet-Spezialistin, das Bild einer Weltgesellschaft der Angeschlossenen, die sich über die traditionellen, geographisch definierten Gemeinschaften legt.

Behielten diese Propheten Recht, dann würde uns ein neuer Cyber-Feudalismus bevorstehen, in dem Gemeinschaften und Rechtseinheiten sich überlagern und mehrfache Schichten bürgerlicher Identität und Loyalität in Anspruch nehmen. Damit würde sich, kurz gesagt, der zentral regierte moderne Staat, der die Weltpolitik in den letzten dreieinhalb Jahrhunderten bestimmt hat, in sein Gegenteil zurückverwandeln. Im mittelalterlichen Europa konnten gleichwertige Loyalitäten gegenüber einem regionalen Herrn, einem Herzog, einem König und dem Papst gelten. In einem künftigen Europa könnten neben England, Paris und Brüssel auch mehrere Cyber-Gemeinschaften, die auf Religion, Arbeit und alle möglichen Freizeitbeschäftigungen ausgerichtet wären, Loyalität beanspruchen.

Das System souveräner Staaten bildet noch immer das gültige Muster der internationalen Beziehungen, aber wir können zugleich ein Muster von quer verlaufenden Gemeinschaften und Leitungsstrukturen erkennen, das einige Ähnlichkeit mit der Situation vor der formellen Einführung des Staatensystems im Westfälischen Frieden von 1648 aufweist. Übernationale Verbindungen über politische Grenzen hinweg waren in der Feudalzeit selbstverständlich gewesen, wurden aber durch den Aufstieg zentral regierter Nationalstaaten eingeschränkt. Heute wandelt sich die Souveränität. Schon vor dreissig Jahren mehrten sich die übernationalen Kontakte, aber sie betrafen eine vergleichsweise kleine Zahl von Eliten, die in multinationalen Firmen, Forschungsteams und akademischen Institutionen tätig waren. Jetzt dagegen verhilft das kostengünstige Internet vielen Millionen Menschen zu Kommunikationen über die Landesgrenzen hinweg.

Die Souveränität ist heute in der amerikanischen Aussenpolitik ein heftig umstrittenes Thema. Ihre Verfechter, enge Verbündete der neuen Unilateralisten, wehren alles ab, was die amerikanische Autonomie zu vermindern scheint. Sie sind beunruhigt durch die Politik der Vereinten Nationen, die eine Beschränkung der Waffengewalt anstrebt, durch wirtschaftliche Optionen der *World Trade Organization* und durch das Aufkommen umweltschützender Institutionen und Verträge. In ihren Augen ist die Idee einer internationalen Überzeugungsgemeinschaft illusorisch.

Auch wenn man von Randgruppen absieht, die glauben, die Vereinten Nationen könnten mit schwarzen Helikoptern über amerikanisches Territorium herfallen, ist die Debatte über das Schicksal des souveränen Staats schwach ausgebildet. Herausforderungen an das Staatensystem werden auf Grund von Begriffen wie «institutionelle Ersatzelemente für den Staat» diskutiert.

Besser eignet sich der historische Vergleich mit der Entwicklung von Märkten und städtischem Leben in der frühen Feudalzeit. Die mittelalterlichen Märkte waren keine Ersatzelemente für die Institutionen der Feudalherrschaft. Sie rissen weder die Burgmauern ein, noch vertrieben sie den Landesherrn, aber sie brachten neuen Wohlstand, neue Verbindungen, neue Lebensformen nach dem Motto «Stadtluft macht frei».

Mittelalterliche Handelsleute entwickelten die *lex mercatoria,* die ihre Beziehungen weitgehend durch ein privates Regelwerk für das Handelswesen ordnete. Ähnlich entwickeln heute Individuen und Rechtspersönlichkeiten, von Hackern bis zu grossen Firmen, den Code und die Normen des Internet teilweise ausserhalb offizieller politischer Institutionen. Die Entwicklung transnationaler Intranet-Körperschaften hinter firewalls (Brandmauer) und Verschlüsselungssystemen steht für «private Aneignungen öffentlichen Raums». Private Systeme, wie eben Intranet-Körperschaften oder weltweite *Newsgroups,* die sich bestimmter Probleme wie Umweltschutz annehmen, fordern die Regierungen souveräner Staaten nicht unmittelbar heraus; sie fügen nur eine Schicht von Verbindungen ausserhalb einer wirksamen Kontrolle durch die souveränen Staaten ein. Staatsbürger werden sich so an transnationalen Internetgemeinschaften beteiligen und ihre Loyalität gegenüber ihren Staaten deswegen nicht aufgeben, aber ihre Perspektiven werden sich ausweiten im Vergleich zu der Zeit vor dem Internet.

Oder man denke an den Zuschnitt der Weltwirtschaft, in der die Stärke einer Nation gemeinhin an Import und Export aus und nach anderen souveränen Nationen gemessen wird. Solche Handelsverhältnisse sind nach wie vor wichtig, aber die Entscheidung darüber, was produziert wird und ob es im Ausland oder jenseits der Meere produziert wird, fällt mehr und mehr im Bereich von transnationalen Unternehmen. Einige amerikanische Gesellschaften, wie etwa Nike, stellen praktisch keines ihrer Produkte in den Vereinigten Staaten her, auch wenn die körperlose Design- und Marketingarbeit dort geleistet wird. In den 1990er-Jahren erlaubten es die sinkenden Informations- und Telekommunikationskosten den Firmen, die geographische Streuung ihrer Unternehmungen auszuweiten. Import und Export vermitteln jetzt ein höchst unvollständiges Bild der globalen Wirtschaftsbeziehungen. Zum Beispiel hat die überseeische Produktion transnationaler amerikanischer Firmen mehr als das doppelte Volumen der amerikanischen Exporte erreicht; der von ausländischen Gesellschaften in den Vereinigten Staaten getätigte Verkauf nahezu die Hälfte des Importvolumens. Stellen wir uns bloss die Einzelstaaten als Billardkugeln vor, lassen wir diese Schicht der Wirklichkeit ausser Acht.

Selbst im Zeitalter des Internet dürfte sich der Bedeutungswandel der politischen Institutionen nur schrittweise vollziehen. Auch nach dem Aufstieg des Territorialstaats sind noch andere Nachfolger der mittelalterlichen Ordnung, wie etwa die italienischen Stadtstaaten und die Hanse, während annähernd zweier Jahrhunderte als taugliche Alternativen bestehen geblieben; sie konnten Steuern erheben und Krieg führen. Heute beruht das Internet auf «Servern», die in bestimmten Ländern angesiedelt sind, und die «Provider» werden von verschiedenen Gesetzgebungen betroffen. Es geht nicht darum, ob der souveräne Staat weiter existiert, sondern wie sich seine zentralen Befugnisse und seine Funktionen verändern. Alle Länder, die Vereinigten Staaten nicht ausgenommen, sind mit einer wachsenden Zahl von Problemen konfrontiert, die innerhalb der Staatsgrenzen schwer zu bemeistern sind – Geldverkehr, Drogenhandel, Klimaveränderungen, Aids, Flüchtlinge, Terrorismus, das Eindringen fremder Kulturen, um nur einige wenige zu nennen. Die Aufgaben nationaler Führungsinstanzen zu erschweren, ist nicht dasselbe, wie die Souveränität zu untergraben. Regierungen passen sich an. Im Verlauf ihrer Anpassung verändern sie die Bedeutung der souveränen Gerichtsbarkeit, der Kontrolle und der Rolle privater Akteure.

Die nationale Sicherheit – das Fehlen einer Bedrohung der hauptsächlichen Werte eines Landes – verändert sich. Die Schädigung durch Klimaveränderungen oder durch importierte Krankheitserreger kann weiter um sich greifen, kann mehr Geld und Menschenleben kosten als mancher Krieg. Fasst man den Begriff der nationalen Sicherheit enger, so sieht man, dass sich der Charakter der militärischen Sicherheit verändert. Die US-Kommission für nationale Sicherheit im 21. Jahrhundert hat darauf hingewiesen, dass die Vereinigten Staaten seit 1814 nicht mehr von ausländischen Armeen angegriffen worden sind und dass die Armee ihre Rüstung und ihre Aktionen auf Schauplätze weit jenseits unserer Küsten auszurichten hat. Sie ist aber nicht gut eingerichtet auf den Schutz der Bevölkerung vor einem Angriff im eigenen Land durch Terroristen, die über Massenvernichtungs- oder -zerstörungswaffen oder sogar über gekaperte Kursflugzeuge verfügen. Daher strich der Verteidigungssekretär DONALD RUMSFELD von der Prioritätenliste des Pentagons die Möglichkeit, zwei gleichzeitige regionale Konflikte zu bewältigen, und gab der inneren Verteidigung höhere Priorität. Wie man aber ein paar Monate später feststellen musste, genügen militärische Massnahmen nicht, um die Vereinigten Staaten unverwundbar zu machen.

Angreifer können heute Regierungen, Gruppen, Individuen sein; oder eine Kombination. Sie können anonym bleiben und müssen nicht einmal in der Nähe des Landes operieren. Als sich Washington 1998 über sieben Moskauer Internetadressen beschwerte, die in den Diebstahl von Pentagon- und NASA-Geheimmaterial involviert waren, antwortete die russische Regierung, die Telephonanschlüsse, von denen die Aktion ausgegangen war, seien ausser Betrieb. Die amerikanischen Behörden hatten keine Möglichkeit festzustellen, ob die Regierung beteiligt gewesen war. Mehr als dreissig Staaten haben aggressive Computer-Kriegsprogramme entwickelt; wie aber jeder weiss, der einen Computer besitzt, kann sich auch irgendein Individuum in das Spiel einschalten. Mit ein paar Tastenschlägen kann ein anonymer Täter irgendwo auf der Welt in das Energieversorgungsnetz amerikanischer Städte eindringen und es zerstören. Die gouvernementalen Brandmauern genügen nicht. Jede Nacht senden amerikanische Softwarefirmen ihre Aufträge elektronisch nach Indien; während die Amerikaner schlafen, arbeiten dort Software-Ingenieure und senden die Resultate am nächsten Morgen zurück. Ausserhalb der Grenzen der US könnte auch jemand tief im Computercode Falltüren zu späterem Gebrauch einbauen. Atomare Abschreckung, Grenzpatrouillen und Truppen, die in Übersee zur Sicherung regionaler Kräfteverhältnisse stationiert sind, werden im Informationszeitalter wichtig bleiben, aber für die nationale Sicherheit können sie nicht ausreichend sorgen.

Auch im Bereich des Rechts kommt es heute zu gegensätzlichen Auffassungen von Souveränität. Seit 1945 enthält die Charta der Vereinten Nationen Bestimmungen über die Menschenrechte neben solchen über die staatliche Souveränität. In Art. 2.7 steht, dass nichts den UN die Befugnis gibt, sich in die Rechtssprechung eines Landes einzumischen. Die Entwicklung eines globalen Konsenses über den Antirassismus und die Ablehnung der südafrikanischen Apartheid-Praxis haben aber grosse Mehrheiten in den Vereinten Nationen dazu geführt, von diesem Prinzip abzugehen. Später hat die Intervention der NATO in Kosovo zu einer hitzigen Kontroverse unter Juristen verschiedener Länder geführt; die einen erklärten die Intervention für widerrechtlich, weil sie vom Sicherheitsrat der UN nicht ausdrücklich autorisiert war, die anderen argumentierten, sie sei legal im Rahmen der Entwicklung humanitären Rechts. Die Verhaftung des Generals AUGUSTO PINOCHET in Grossbritannien entsprechend einem Auslieferungsgesuch Spaniens auf Grund von Verletzungen der Menschenrechte und von Verbrechen in der Zeit seiner Präsidentschaft in Chile ist ein weiteres Beispiel für diese komplexen Zusammenhänge. 2001 versuchte ein Pariser Richter, den früheren amerikanischen Aussenminister HENRY KISSINGER als Zeugen in einem Prozess vorzuladen, der sich auf Chile bezog.

Die Informationstechnologie, im besondern das Internet, hat die Koordination erleichtert und die Sache der Menschenrechtsaktivisten gestärkt; aber politische Führer, vor allem in früheren Kolonien, legen Wert auf den Schutz, den die rechtliche Souveränität gegen Eingriffe von aussen gewährt. Die beiden teilweise gegensätzlichen Rechtssysteme werden voraussichtlich weiterhin nebeneinander bestehen, und den Amerikanern werden diese Widersprüche zu schaffen machen, wenn es darum geht, die Menschenrechte zu fördern und aus humanitären Gründen in Konflikte einzugreifen.

Für viele hat der Nationalstaat als Quelle politischer Identität eine grosse Bedeutung. Die Menschen verfügen über mehrfache Identitäten – Familie, Dorf, ethnische Gruppe, Religion, Nationalität –, und oft hängt es vom Kontext ab, welcher von ihnen der Vorrang zukommt. In manchen vorindustriellen Ländern überwiegen subnationale Identitäten (Stamm oder Sippe). In einigen industrialisierten Ländern, so auch in den Vereinigten Staaten, beginnen sich kosmopolitische Identitäten wie «Weltbürger» oder «Beschützer des Planeten Erde» auszubilden. Weiträumige Identitäten (wie eben die nationale) werden nicht unmittelbar erlebt; sie werden in hohem Mass vom Einfluss der Kommunikation bestimmt. Die Auswirkungen des Internet lassen sich noch nicht gesamthaft erfassen; zum Beispiel kann aber die Ausbildung von Identitäten je nach den Umständen gegensätzliche Richtungen einschlagen – nach Brüssel, nach Grossbritannien, nach Paris.

Das führt wohl eher zu vermehrter Unbeständigkeit als zu einer Bewegung nach einem festen Ziel. Das Internet scheint den antiautoritären, egalitären Zug der «Cyberkultur» und so auch die aus einzelnen Anlässen plötzlich aufflammenden Proteste zu begünstigen. Politik wird zu einem Schauspiel vor dem Weltpublikum. Um die mexikanische Regierung unter Druck zu setzen, konnten die Zapatista-Rebellen weniger auf ihre Gewehrkugeln als auf internationale, weitgehend durch das Internet koordinierte Publizität zählen. Der Politologe JAMES ROSENAU vertritt die Auffassung, dass die Integration in grössere Identitäten und die Zersplitterung in kleinere Gemeinschaften gleichzeitig stattfinden können. Durch diese Entwicklungen wird nicht das Ende des souveränen Staats eingeläutet, aber seine Politik wird unter ihrem Einfluss wechselhafter und weniger national eingebunden.

Auch private Organisationen wachsen mehr und mehr über die nationalen Grenzen hinaus. Übernationale religiöse Vereinigungen, die sich gegen die Sklaverei wandten, bestanden schon 1775; im 19. Jahrhundert wurden unter andern die Sozialistische Internationale, das Rote Kreuz, Organisationen für das Frauenwahlrecht und die «Internationl Law Organization» gegründet. Vor dem Ersten Weltkrieg gab es 176 von Regierungen unabhängige internationale Organisationen. 1956 waren es nahezu tausend, 1970 fast zweitausend. In letzter Zeit haben sie sich explosionsartig vermehrt; in den 1990er-Jahren zählte man annähernd 26 000. Viele von ihnen erheben den Anspruch, als «Weltgewissen» zu wirken und im Dienst von öffentlichen Interessen zu stehen, die nicht in die Zuständigkeit der einzelnen Staaten fallen oder von den Staaten nicht berücksichtigt werden. Sie entwickeln neue Normen, indem sie unmittelbar Druck auf Regierungen und Wirtschaftsführer ausüben, damit sie ihre Politik ändern, oder indem sie die öffentliche Einschätzung der Ziele dieser Politik beeinflussen. Diese neuen Gruppen verfügen selten über bedeutende konkrete Machtmittel, aber die Informationsrevolution hat ihre moralische Macht – die Anziehungskraft, die sich mit Ideen, Kulturen, politischen Vorstellungen verbindet – nachhaltig gestärkt.

Nicht nur ist die Zahl der transnationalen und gouvernementalen Kontakte gewachsen; auch ihr Charakter hat sich verändert. Frühere transnationale Verbindungen waren von grossen bürokratischen Organisationen – wie multinationale Körperschaften oder katholische Kirche – kostensparend eingesetzt und kontrolliert worden. Solche Organisationen bleiben weiterhin wichtig, aber die niedrigeren Kosten der Kommunikation im Internetzeitalter lassen auch Raum für lockere Netzwerkstrukturen mit kleinem Stab. Diese nicht gouvernementalen Organisationen eignen sich besonders gut dafür, ohne Rücksicht auf politische Grenzen in Staaten einzudringen. Der Vertrag über das Verbot von Landminen ist aus einem interessanten Bündnis von Internet-Organisationen, die mit Regierungen mittlerer Mächte wie Kanada zusammenarbeiteten, und einzelnen Politikern und Berühmtheiten wie PRINZESSIN DIANA hervorgegangen. Ein anderes Beispiel ist der Umweltschutz. Die «Non-Governmental Organizations» (NGO) waren 1997 ein wichtiger Verbindungskanal für die Delegationen bei der Diskussion über globale Erwärmung in Kyoto. Dort wetteiferten Industrie, Verbände und NGO in einem transnationalen Streit über die Agenda der Weltpolitik um die Aufmerksamkeit der Medien aus den grossen Staaten.

Geographisch definierte Gemeinschaften und souveräne Staaten werden in der Weltpolitik noch lange eine bedeutende Rolle spielen, aber sie werden durchlässiger und weniger selbständig sein. Sie werden die Bühne mit Akteuren teilen müssen, die Information verwenden können, um ihren sanften Druck auf die Regierungen unmittelbar oder durch Mobilisierung der Öffentlichkeit indirekt auszuüben. Regierungen, die eine rasche Entscheidung anstreben, werden erkennen, dass sie auf einige Informations-Barrieren verzichten müssen, die in der Vergangenheit ihre Beamten vor Überprüfungen schützten. Sie werden es sich nicht mehr leisten können, ihre finanziellen und politischen Verhältnisse in einem Geheimfach zu verwahren, wie das Burma und Nordkorea getan haben. Diese Art Souveränität ist zu teuer geworden. Auch Grossmächte wie die USA müssen sich mit dem Auftreten neue Akteure abfinden und kontrollieren ihre Grenzen weniger leicht als früher. Cyberspace wird den geographischen Raum nicht ersetzen und die staatliche Souveränität nicht ausschalten, aber wie die städtischen Märkte der Feudalzeit wird auch er mit ihnen zusammen existieren und dafür sorgen, dass es komplizierter wird, ein souveräner Staat oder eine Grossmacht zu sein.

Die Macht Amerikas im 21. Jahrhundert

Eine Betrachtung der heutigen Weltpolitik kann nicht vollständig sein, ohne dass die Rolle Amerikas zur Sprache kommt. Tatsächlich hat seit dem römischen Kaiserreich kein Staat eine so grosse relative Macht besessen wie jetzt die Vereinigten Staaten; aber Rom ist schliesslich untergegangen. Vor einem Jahrzehnt kam man überein, dass Amerika im Niedergang begriffen sei. Bestseller beschrieben diesen Niedergang. Japan, meinte man, würde bald «Number One» werden. Das stimmte schon damals nicht, und die Macht Amerikas ist weiter gewachsen. Doch auch die neue Übereinkunft, wonach Amerika unbesiegbar wäre, ist gefährlich, wenn sie zu einer Aussenpolitik führt, die Unilateralismus, Arroganz und Provinzialismus miteinander verbindet.

Auch Verfechter einer «realistischen» Theorie der internationalen Beziehungen haben Besorgnis über den Bestand der amerikanischen Macht geäussert. Immer wieder haben sich in der Vergangenheit Koalitionen von Ländern gebildet, um Hegemonien auszugleichen, und die traditionelle Suche nach Gegengewichten ist auch heute im Gang. Manche sehen in China den neuen Feind; andere rechnen mit einem russisch-chinesisch-indischen Bündnis als nächster Bedrohung. Aber wenn China zwar Wachstumsraten um 6 % aufweist und die Vereinigten Staaten es nur auf 2 % bringen, wird Chinas Pro-Kopf-Einkommen nicht vor der zweiten Hälfte des Jahrhunderts mit dem amerikanischen gleichziehen.

Wieder andere meinen, dass ein geeintes Europa dereinst als Staatenbund den Vereinigten Staaten den Vorrang streitig machen werde. Doch diese Voraussage rechnet mit einem hohen Grad politischer Einheit Europas und mit einem niedrigen Stand der transatlantischen Beziehungen. Die Realisten können einiges für einen Machtausgleich in der internationalen Arena geltend machen, aber mit ihrer Suche nach Herausforderern im Stil des Kalten Kriegs setzen sie auf das falsche Pferd. Sie nehmen den tieferen Wandel in der Verteilung und im Wesen der Macht nicht zur Kenntnis, in einer Zeit, da ein weltweites Netz von nichtstaatlichen Akteuren mehr amerikanische Leben vernichtet hat als Japan bei seinem Angriff auf Pearl Harbor vor sechzig Jahren.

Das veränderte Wesen der Macht

Auf den ersten Blick wirkt der Unterschied zwischen der Macht Amerikas und derjenigen der übrigen Welt immens. Militärisch gesehen, sind die Vereinigten Staaten das einzige Land, das über Atomwaffen wie über konventionelle Schlagkraft von globaler Reichweite verfügt. Die Militärausgaben Amerikas sind höher als die der acht nächsten Länder zusammengenommen, und es ist führend in der Informationsrevolution auf militärischem Gebiet. Wirtschaftlich entsprich der 31%-Anteil Amerikas am Weltprodukt demjenigen der vier nächsten Länder (Japan, Deutschland, Grossbritannien und Frankreich) zusammengenommen. Auf kulturellem Gebiet stehen die Vereinigten Staaten mit ihrem Film- und Fernseh-Export bei weitem an erster Stelle. Und seine Colleges und Universitäten ziehen jedes Jahr die meisten ausländischen Akademiker an.

So wie sich die politische Welt nach dem Zusammenbruch der Sowjetunion darstellte, wurde sie in manchen Analysen als unipolar, in andern als multipolar definiert. Beide Analysen sind falsch; denn jede bezieht sich auf eine je andere Dimension der

Macht, die nicht mehr mit militärischer und selbst mit wirtschaftlicher Übermacht gleichgesetzt werden kann. Wer «unipolar» sagt, überschätzt die Fähigkeit der Vereinigten Staaten, die in gewissen Dimensionen der Weltpolitik gewünschten Ergebnisse zu erzielen; «multipolar» setzt, ebenfalls irrtümlich, das Bestehen ungefähr gleicher Länder voraus.

Vielmehr verteilt sich in einer Zeit globaler Information die Macht auf die Länder nach einem Muster, das einem dreidimensionalen Schachspiel gleicht. Auf dem oberen Brett ist die militärische Macht weitgehend unipolar. Noch einmal, die Vereinigten Staaten sind das einzige Land mit interkontinentalen Atomwaffen und mit global einzusetzenden, nach dem neuesten Stand der Technik gerüsteten Luft-, See- und Land-Streitkräften. Aber auf dem mittleren Brett ist die wirtschaftliche Macht multipolar; hier stehen die Vereinigten Staaten, Europa und Japan für zwei Drittel des Weltprodukts, und China könnte dank seinem enormen Wachstum zum vierten grossen Spieler werden. Auf diesem, dem wirtschaftlichen Schachbrett gibt es keine amerikanische Hegemonie; hier müssen sich die Vereinigten Staaten oft von gleich zu gleich mit Europa auseinandersetzen.

Das untere Brett ist die Sphäre der transnationalen Beziehungen, die ausserhalb staatlicher Kontrolle über die politischen Grenzen hinweggehen. Zu dieser Sphäre gehören die verschiedensten Akteure – von Banken, die höhere Summen, als die meisten nationalen Budgets sie erreichen, auf elektronischem Weg transferieren, bis zu Terroristen, die Waffen verschieben, und Hackern, die Internet-Operationen vereiteln. Auf diesem unteren Schachbrett ist die Macht weit verteilt, und von Uni- oder Multipluralität oder von Hegemonie zu sprechen hat keinen Sinn. Wer eine amerikanische Hegemonialpolitik empfiehlt, die auf einem herkömmlichen Begriff von amerikanischer Macht beruht, geht von einer bedenklich unangemessenen Analyse aus. Ein dreidimensionales Spiel verliert man, wenn man nur das oberste Brett im Auge hat und die andern, mitsamt den senkrechten Beziehungen zwischen ihnen, ausser Acht lässt.

Globalisierung, Informationsrevolution und amerikanische Macht

Dank ihrer führenden Rolle in der Informationsrevolution und ihren in der Vergangenheit angehäuften traditionellen Machtmitteln werden die Vereinigten Staaten wahrscheinlich noch weit in das neue Jahrhundert hinein das mächtigste einzelne Land der Welt bleiben. Koalitionen können sich bilden, um die amerikanische Macht auf die Probe zu stellen, aber sie werden kaum zu festen Bündnissen werden, solange die Vereinigten Staaten nicht ihr schweres Geschütz auf so anmassend einseitige Weise einsetzt, dass ihre sanftere oder attraktivere Einflussnahme darunter leidet – die wichtige Kunst, andere wollen zu lassen, was man selbst will,

Oder wie Josef Joffe in der *Zeit* geschrieben hat: «Anders als in früheren Jahrhunderten, als der Krieg noch der grosse Schiedsrichter war, kommen heute die interessantesten Arten von Macht nicht aus einem Gewehrlauf.» Viel eher zahlt es sich heute aus, dass man «andere dazu bringt, das zu wollen, was man will», und das hat mit kultureller Anziehungskraft und Ideologie, sowie mit Programmierung und wirtschaftlichen Anreizen zur Zusammenarbeit zu tun. Sanfte Macht ist besonders wichtig im Umgang mit Problemen, die vom unteren Schachbrett der transnationalen Beziehungen aufsteigen.

Die eigentlichen Herausforderungen für die Macht Amerikas werden im 21. Jahrhundert wohl vonseiten nichtstaatlicher Akteure kommen, und die Versuchung, unilateral zu handeln, könnte die Vereinigten Staaten letztlich schwächen. Die jetzige Informationsrevolution und die Globalisierung, die mit ihr Hand in Hand geht, verwandeln und verkleinern die Welt. Zu Beginn des neuen

Jahrhunderts haben diese beiden Faktoren zusammengewirkt, um die amerikanische Macht zu stärken. Doch im Lauf der Zeit wird die Technologie auf andere Länder und Völker übergreifen, und der relative Vorrang Amerikas wird sich vermindern. Heute repräsentieren die amerikanischen 20% der Weltbevölkerung mehr als die Hälfte des Internet. In zehn oder zwanzig Jahren wird Chinesisch wahrscheinlich die dominierende Sprache des Internet sein.

Am Ende des Kalten Kriegs wurden manche Beobachter vom Schreckgespenst eines neuen amerikanischen Isolationismus verfolgt. Aber zu dem Streit zwischen Isolationisten und Internationalisten kam noch ein Dissens im internationalistischen Lager hinzu: zwischen Uni- und Multilateralisten. Einige, wie der Kolumnist CHARLES KRAUTHAMMER, warnen vor einem «neuen Unilateralismus», mit dem die Vereinigten Staaten sich weigern, «gelehrige Weltbürger» zu sein, und rücksichtslos ihre eigenen Ziele verfolgen. Man spricht in Anbetracht der einzigartigen militärischen Stärke Amerikas von einer unipolaren Welt. Aber militärische Stärke allein kann vieles nicht hervorbringen, das die Amerikaner im Hinblick auf ihre Sicherheit und ihren Wohlstand sich wünschen.

Als *Assistant Secretary of Defense* in den Jahren 1994–95 wäre ich der letzte, die Wichtigkeit militärischer Sicherheit zu bestreiten. Sie ist wie der Sauerstoff. Ohne sie weicht die Kraft aus allem. Die militärische Stärke Amerikas ist wesentlich für die internationale Stabilität, und sie ist ein wesentlicher Teil der Abwehr des Terrorismus. Aber die Kriegsmetapher sollte uns nicht blind machen für die Tatsache, dass die Überwindung des Terrorismus noch jahrelange geduldige, unspektakuläre zivile Zusammenarbeit mit anderen Ländern erfordert. Der militärische Erfolg in Afghanistan galt dem einfachsten Teil des Problems, und al-Kaida verfügt noch über Zellen in mehr als fünfzig Ländern. Der

Teilerfolg in Afghanistan spricht weniger für Unilateralismus als für die fortdauernde Notwendigkeit der Zusammenarbeit.

Das Problem für die Amerikaner des 21. Jahrhunderts besteht darin, dass immer mehr Dinge sich der Kontrolle auch des mächtigsten Staates entziehen. Die Vereinigten Staaten beherrschen die traditionellen Methoden, aber es geschieht in der Welt mehr und mehr, was mit solchen Methoden nicht erfasst werden kann. Unter dem Einfluss der Informationsrevolution und der Globalisierung verändert sich die Weltpolitik in einer Weise, die es den Amerikanern unmöglich macht, alle ihren internationalen Ziele allein zu erreichen. Die finanzielle Stabilität ist zum Beispiel von vitaler Bedeutung für die Prosperität der Amerikaner, aber die Vereinigten Staaten können sie nur in Zusammenarbeit mit anderen sichern. Auch globale Klimaveränderungen werden die amerikanische Lebensqualität in Mitleidenschaft ziehen, und die Vereinigten Staaten können auch mit diesem Problem nicht allein fertig werden. Und in einer Welt, wo die politischen Grenzen für alles – vom Drogenhandel zu Infektionskrankheiten zum Terrorismus – immer durchlässiger werden, muss Amerika internationale Bündnisse ins Leben rufen, um gemeinsame Bedrohungen und Herausforderungen zu bestehen.

Neue Bedrohungen

Wie sollte angesichts dieser neuen Verhältnisse die einzige Supermacht ihre Aussenpolitik in das Zeitalter der globalen Information hineinführen? Manche Amerikaner sind versucht zu meinen, die Vereinigten Staaten könnten ihre Gefährdung vermindern, indem sie Truppen zurückzögen, Allianzen einschränkten und für eine isolationistischere Aussenpolitik optierten. Aber der Isolationismus würde sie von ihrer Verwundbarkeit nicht befreien. Den Terroristen, die am 11. September zuschlugen, ging es nicht nur darum, die Macht Amerikas zu schwächen, sondern das zu Fall zu bringen, wofür Amerika steht. Wäre die Aussenpolitik der Vereinigten Staaten schwächer, würden solche Gruppen immer noch gegen ihre Wirtschaftmacht aufbegehren, die weit über ihre Küsten hinausreicht. Amerikanische Firmen und Bürger repräsentieren den globalen Kapitalismus, der für manche Anathema ist.

Überdies hat die amerikanische Massenkultur ihre globale Ausstrahlung, was immer die Regierung tut. Dem Einfluss von Hollywood, CNN und Internet entgeht man nirgends. Film und Fernsehen Amerikas bringen Freiheit, Individualismus und Aufbruch, aber auch Sex und Gewalt zum Ausdruck. Im Ganzen hilft diese Kultur, die Anziehungskraft Amerikas zu steigern. Aber natürlich nicht bei jedermann. Individualismus und Freiheit sind attraktiv für viele Menschen, abstossend für andere, besonders für Fundamentalisten. Feminismus, sexuelle Freizügigkeit, individuelle Entscheidungsfreiheit sind für patriarchalische Gesellschaften von Grund auf subversiv. Aber diese harten Oppositionskerne lösen kaum eine breite Hasswelle aus, solange die Vereinigten Staaten nicht ihre eigenen Werte verleugnen und eine arrogante Politik verfolgen, die es den Extremisten erlaubt, an die mittlere Mehrheit zu appellieren.

Andererseits riskieren diejenigen, die auf die Vormachtstellung der Vereinigten Staaten, auf ein Imperium und auf Unilateralismus setzen, die entfremdende Wirkung der Arroganz auf die Freunde Amerikas. Gewiss gibt es in der Praxis nicht viele reine Multilateralisten, und von kleineren Staaten kann der Multilateralismus dazu benützt werden, die Vereinigten Staaten niederzuhalten wie Gulliver bei den Liliputanern; doch das bedeutet nicht, dass ein multilateraler Approach den Interessen Amerikas generell widerspricht. Indem sie ihre Politik in ein multilaterales Gerüst einfügen, können die Vereinigten Staaten ihre unverhältnismässige Stärke legitimieren und für andere akzeptabler machen. Keine Grossmacht kann sich einen reinen Multilateralismus leisten; er sollte aber der Ausgangspunkt der Politik sein. Und wenn die Grossmacht ihre nationalen Interessen weit definiert, so dass er globale Interessen mit einschliesst, wird ein gewisser Grad von Unilateralismus eher akzeptiert werden. Ein solcher Approach wird für die Fortdauer der Macht Amerikas den Ausschlag geben.

Zurzeit müssen die Vereinigten Staaten kaum damit rechnen, dass ihnen andere Staaten den Vorrang streitig machen; es sei denn, sie verhielten sich derart anmassend, dass sich die anderen über ihre vorgegebenen Grenzen hinwegsetzen könnten. Die grössere Herausforderung besteht für Amerika darin, dass es die Zusammenarbeit mit anderen Ländern suchen muss, um die nichtstaatlichen Akteure wirksamer zu kontrollieren, die mehr und mehr zugleich mit den Nationalstaaten auf die Bühne kommen. In der dreidimensionalen Schachpartie das Spiel auf dem unteren Brett zu beherrschen und ein Zusammenwirken von harter und sanfter Macht zu erzielen ist die Hauptaufgabe der Aussenpolitik geworden. Wie HENRY KISSINGER gezeigt hat, wird diese Generation der amerikanischen Führung beweisen müssen, dass sie die derzeitige Vormachtstellung der Vereinigten Staaten in einen internationalen Konsens und in weithin akzeptierte Normen umsetzen kann, die mit den amerikanischen Werten und Interessen noch übereinstimmen, wenn sich das Machtgefälle im weiteren Verlauf des Jahrhunderts vermindert. Durch einseitiges Vorgehen ist das nicht zu leisten.

Rom ist nicht unterlegen, weil ein neues Reich emporkam, sondern es ging durch inneren Zerfall und durch unzählige Einbrüche verschiedener barbarischer Stämme zugrunde. Nun ist innerer Zerfall immer möglich; aber keiner der üblicherweise angeführten Trends weist sehr deutlich in diese Richtung. Ausserdem macht sich die amerikanische Bevölkerung oft keine Illusionen über die Grenzen der Macht ihres Landes. Annähernd zwei Drittel der befragten Personen lehnen es grundsätzlich ab, dass die

Vereinigten Staaten in Übersee ohne Unterstützung durch andere Länder vorgehen. Die Amerikaner haben anscheinend ein intuitives Verständnis für «soft power», auch wenn ihnen dieser Begriff nicht vertraut ist.

Schwerer ist es hingegen, sich der Barbaren zu erwehren. Die radikal verminderten Kosten der Kommunikation, das Aufkommen transnationaler Bereiche, die keine Landesgrenzen kennen, und die «Demokratisierung» der Technologie, die gewaltige Zerstörungskräfte an Gruppen und Individuen austeilt, eröffnen ganz neue Dimensionen. Im letzten Jahrhundert waren HITLER, STALIN und MAO auf staatliche Macht angewiesen, um grosses Unheil anzurichten. Die *«Hart-Rudman Commission on National Security»* hat im vorigen Jahr festgestellt: «Solche Männer und Frauen werden im 21. Jahrhundert weniger als im zwanzigsten auf Staaten beschränkt und von der Industrie abhängig sein, um Zerstörungen anzurichten. Kleine Gruppen und selbst Individuen müssen nur noch eine bedenklich niedrige Schwelle überschreiten, um ihren Feinden immensen Schaden zuzufügen.»

Unter diesen Umständen erhält die nationale Sicherheit eine neues Gewicht und eine neue Bedeutung. Könnten solche Gruppen in den Besitz von Atomwaffen gelangen und schwere Zerstörungen oder eine schwere gesellschaftliche Erschütterung erzielen, würde sich das amerikanische Verhalten möglicherweise dramatisch verändern, auch wenn sich die Richtung dieser Veränderung schwer voraussagen lässt. Angesichts einer solchen Bedrohung ist ein bestimmtes Mass an Unilateralismus, wie im Falle des Kriegs in Afghanistan, gerechtfertigt und zahlt sich auch auf globaler Ebene aus. Die britische Flotte hat schliesslich die Seeräuberplage eingedämmt, lange bevor die internationalen Vereinbarungen in der Mitte des 19. Jahrhunderts unterzeichnet wurden.

Das Paradox der amerikanischen Macht

Die Vereinigten Staaten haben gute Aussichten, in der Weltpolitik bis weit in das 21. Jahrhundert hinein die führende Macht zu bleiben. Die Prognose hängt von Annahmen ab, die sich benennen lassen. Vorausgesetzt wird zum Beispiel, dass amerikanische Wirtschaft und Gesellschaft gesund bleiben; dass die Vereinigten Staaten ihre militärische Stärke beibehalten können, ohne aber übermilitarisiert zu werden; dass die Amerikaner nicht so selbstbezogen und anmassend werden, dass ihr beträchtlicher Fundus an « soft power» vertan wird; dass keine Katastrophen eintreten, die dem amerikanischen Verhalten eine isolationistische Richtung geben; und dass die Amerikaner ihre nationalen Interessen weit definieren und weitblickend auf die globalen Interessen abstimmen.

Informationsrevolution, technische Veränderungen und Globalisierung werden den Nationalstaat nicht ablösen, aber sie werden das Bild der Weltpolitik, ihrer Handlung und ihrer Darsteller, weiterhin komplizieren. Das Paradox der amerikanischen Macht im 21. Jahrhundert besteht darin, dass sie als grösste Macht seit dem römischen Imperium ihre Ziele in einem Zeitalter globaler Information nicht im Alleingang erreichen kann.

Band 31
Moral und Moralismus in Politik und Wirtschaft
(2002) 139 Seiten/br.
ISBN 3 7253 0720 2
Fr. 32.70 / EUR 20.90 (D)

Band 30
Religion und Politik
(2001) 159 Seiten/br.
ISBN 3 7253 0700 8
Fr. 32.70 / EUR 20.90 (D)

Band 29
Den Staat neu definieren
(2000) 218 Seiten/br.
ISBN 3 7253 0676 1
Fr. 32.70 / EUR 20.90 (D)

Band 28
Technologie und Gesellschaft an der Jahrtausendwende
(1999) 166 Seiten/br.
ISBN 3 7253 0629 X
Fr. 32.70 / EUR 20.90 (D)

Band 27
Globalisierung – eine Standortbestimmung
(1998) 150 Seiten/br.
ISBN 3 7253 0606 0
Fr. 32.60 / EUR 20.90 (D)

Band 26
Brennpunkt Ostasien
(1997) 150 Seiten/br.
ISBN 3 7253 0579 X
Fr. 32.60 / EUR 20.90 (D)

Band 25
Wandel der Weltgesellschaft
(1996) 119 Seiten/br.ISBN 3 7253 0547 1
Fr. 32.60 / EUR 20.90 (D)

Band 24
Die Erblast der Sowjetunion
(1995) 140 Seiten/br. ISBN 3 7253 0528 5
Fr. 32.60 / EUR 20.90 (D)

Band 23
Europäische Antagonismen
(1994) 197 Seiten/br. ISBN 3 7253 0490 4
Fr. 32.60 / EUR 20.90 (D)

Band 22
Föderalismus – Mittel der Konfliktbewältigung
(1993) 100 Seiten/br. ISBN 3 7253 0473 4
Fr. 28.60 / EUR 18.30 (D)

Umweltzerstörung und Ressourcenverschwendung Band 21
(1992) 129 Seiten/br. ISBN 3 7253 0441 6
Fr. 28.60 / EUR 18.30 (D)

Das Flüchtlingsproblem – eine Zeitbombe? Band 20
(1991) 120 Seiten/br. ISBN 3 7253 0396 7
Fr. 28.60 / EUR 18.30 (D)

Glasnost und Perestroika – Der Sozialismus im Wandel Band 19
(1990) 130 Seiten/br. ISBN 3 7253 0376 2
Fr. 28.60 / EUR 18.30 (D)

Europäische Herausforderung Band 18
(1989) 102 Seiten/br. ISBN 3 7253 0348 7
Fr 28.60 / EUR 18.30 (D)

Neuer Realismus in den Nord-Süd-Beziehungen? Band 17
(1988) 192 Seiten/br. ISBN 3 7253 0324 X
Fr. 28.60 / EUR 18.30 (D)

Ideen unserer Zeit Band 16
(1987) 188 Seiten/br. ISBN 3 7253 0301 0
Fr. 28.60 / EUR 18.30 (D)

Das Dreieck Europa-Amerika-Asien Band 15
(1986) 154 Seiten/br. ISBN 3 7253 0272 3
Fr. 28.60 / EUR 18.30 (D)

Ost-West-Beziehungen Band 14
(1985) 140 Seiten/br. ISBN 3 7253 0247 2
Fr. 28.60 / EUR 18.30 (D)

Wege aus der Weltwirtschaftskrise Band 13
(1984) 140 Seiten/br. ISBN 3 7253 0222 7
Fr. 28.60 / EUR 18.30 (D)

Adrian Vatter / Sonja Wälti (Hrsg.)
Schweizer Föderalismus in vergleichender Perspektive
Le fédéralisme suisse dans une perspective comparée
Swiss Federalism in Comparative Perspective
Sonderheft «Schweiz. Zeitschrift für Politikwissenschaft»
362 Seiten/br. (2003) ISBN 3 7253 0747 4
Fr. 45.– / EUR 32.– (D)

Hans-Peter Meier-Dallach, Susanne Hohermuth, Therese Walter
isola elvetica
Das Bild Schweiz im Zeitalter der Globalisierung
L'image de la Suisse à l'ère de la mondialisation
L'immagine della Svizzera nell'era della globalizzazione
245 Seiten/br. (2003) ISBN 3 7253 0751 2
Fr. 54.– / EUR 34.60 (D)

Friedrich Weibel
Die Erosion der Mitte
Europa und die Krise der Bürgerlichen in der Schweiz
120 Seiten/br. (2003) ISBN 3 7253 0750 4
Fr. 34.– / EUR 21.80 (D)

Neue Helvetische Gesellschaft / Nouvelle Société Helvétique / Nuova Società Elvetica / Nova Societad Helvetica (Hrsg.)
Die multikulturelle Schweiz – La Suisse multiculturelle
La Svizzera multiculturale – La Svizra multiculturale
Jahrbuch/Annuaire/Annuario/Annuari 2002/2003
215 Seiten/br. (2003) ISBN 3 7253 0748 2
Fr. 38.– / EUR 24.30 (D)

Verlag Rüegger • Zürich / Chur
www.rueggerverlag.ch – info@rueggerverlag.ch

Hans Fäh, Bruno Glaus, Peter Brunner (Hrsg.)
Die verbotene Liebe zum Balkan
Versuch einer Annäherung
BROSCHUR: 115 Seiten, ISBN 3 7253 0736 9 (2003)
Fr. 22.– / EUR 14.10 (D)
HARDCOVER: 115 Seiten, ISBN 3 7253 0738 5 (2003)
Fr. 34.– / EUR 21.80 (D)

Fritz Oser / Horst Biedermann (Hrsg.)
Jugend ohne Politik
Ergebnisse der IEA-Studie zu politischem Wissen, Demokratieverständnis und gesellschaftlichem Engagement von Jugendlichen in der Schweiz im Vergleich mit 27 anderen Ländern
247 Seiten/br. (2003) ISBN 3 7253 0728 8
Fr. 48.– / EUR 30.70 (D)

Hanspeter Tschäni and Ossi Tuusvuori (Eds.)
Principles and Elements of Free Trade Relations
40 Years of EFTA Experience
304 pages/hardc. (2000) ISBN 3 7253 0678 8
Fr. 59.– / EUR 37.80 (D)

Thomas Bernauer, Dieter Ruloff (Hrsg.)
Globaler Wandel und schweizerische Aussenpolitik
Informationsbeschaffung und Entscheidungsfindung der Schweizerischen Bundesverwaltung
364 Seiten/br. (2000) ISBN 3 7253 0657 5 (NFP42)
Fr. 55.– / EUR 35.20 (D)

Verlag Rüegger • Zürich / Chur
www.rueggerverlag.ch – info@rueggerverlag.ch